JN071153

我が家の改憲論議Ⅱ

安倍さんへの感謝を込めて

佐藤充志

目次

はじめに

令和四年（二〇二二）七月八日、安倍晋三元首相が暗殺された。旧統一教会を母体とするカルト教団に恨みを持つ青年が、安倍氏と教団との関係性に怒りを覚えての犯行とのこと。しかし、事件の映像が残されているにも拘らず、当初から単独犯と決めつけた捜査方針とそれに追従するだけの各メディアに疑念を抱く人達は少なからず存在している。

捜査は二三年三月三〇日で終了。これから裁判となる矢先の四月十五日、今度は現職の岸田文雄首相を狙った爆弾テロが発生。幸運にも此方は軽傷者が二人出た程度。犯行の稚拙さなどを考えれば単独犯に近いだろうが、改めて街頭演説の警備の難しさを露呈してしまった。安倍氏の場合は銃器での犯行。果たして真相に迫れるかどうか？

我が家では七年前（二〇一六）、安倍氏によって憲法改正への動きが加速するだろうとの期待を込めて「日本は大統領制にした方が良い」と話し合っていたが（拙書『我が家の改憲論議』）、国際情勢は激変し安倍氏も亡き今日、今一度改憲について話し合ってみることにした。そうすることが氏の一番望まれたことだと思うから…。

国防構想を持っていた安倍氏

妻　令和四年（二〇二二）は大変な年だったね。ロシアはウクライナへ侵攻して戦闘はまだ続いているし、安倍さんは暗殺されるし。コロナはようやく落ち着いたけど…。

岬　今度は岸田さんも狙われたしね。不穏な情勢が続くけど、コロナが世界に広まった二一年頃には「変異を繰り返すから元の生活には戻れない」という意見はネット上に結構あった。人為的に作られたウイルスで、そういう風にプログラムされているって。二三年に入って米国が発表したように、流出元は中国の武漢ウイルス研究所が一番疑わしいと。

夫　安倍さんの国葬には各国首脳も参加して行われたけど、これは当然だよね。地球儀外交（世界を見渡して自由、民主主義、基本的人権、法の支配といった基本的価値に立脚した戦略的な外交）と銘打って中国の国際法を無視した拡張主義に対抗する民主主義国の連携を強化してきた。

令和元年には豪軍との共同訓練を実施。同三年（二一）五月には仏海軍が米、蘭の軍艦を従えて日本に寄港。そして同年九月には英国の空母クイーンエリザベスが来航し、二二年九月には茨城県百里基地にドイツ空軍の戦闘機ユーロファイターが飛来して共同訓練を実施。二三年一月にはインド空軍のスホイ戦闘機も。また米軍は南シナ海問題を抱えるフィリピンでの拠点を倍増し、ＮＡＴＯのストルテンベルグ事務総長も来日。ＮＡＴＯまで「自由で開かれたインド太平洋構想」に関与する姿勢に転じたのは安倍氏だから出来たこと。氏ほど国際社会で評価された政治家はいない。

妻　中国寄りだったドイツのメルケル政権も方向転換したしね。

夫　「台湾有事は日本の有事」と訴えていたけど、台湾とウクライナの危険性についても触れていたらしい。「台湾もウクライナと同じで同盟国が無い。だから危険なんだ」って。

二二年五月来日したバイデン米大統領は岸田首相との会談後の記者会見で「台湾有事の際は軍事介入する」と明言。ジャーナリストの門田隆将氏によるとこれも安倍氏の功績。四月初旬米国のシンクタンクの会合にオンラインで参加し「従来の曖昧な態度では駄目だ」と主張。それで米国の方針が決定。台湾の人々が安倍氏の銅像を建立して感謝の念を表したのは、氏のお陰で中国の軍事侵攻の可能性が激減したからだと（ウェブ版「デイリーＷｉＬＬ」２２・１２・３１）。

各国の要人から寄せられた弔意は千七百件以上。豪のアルバジーニー首相は連邦議会で追悼演説を行い、米議会上院も安倍氏を称える決議を全会一致で採択。左派系メディアで有名な米国のＣＮＮテレビでも「安倍氏の主導により、ようやく日本が第二次世界大戦の影を脱することができたと記憶するだろう」とのコメント。

豪州からは現職を含めた首相経験者四名が国葬儀に参列。同国では慰霊碑も建立されているが、豪州が親中政策から脱却したのも安倍氏が中国の侵略の手口をよく説明したからだろうと。経済関係を重視していた豪州では土地や電力会社、港湾等も中国資本が買収。中国からの移民や留学生も多く、共産党の工作機関である「孔子学園」も開設されて政治経済界への進出が顕著に。中国系豪州人に議員立候補への資金提供事案まで発生。ニュージーランドも同様に中国に国土を爆買いされており、それが中国の「静かなる侵略」の常套手段だと分かったからだと。

岬　前も話したけど、安倍さんの動きを見れば明治初頭の日本の国防構想は決して間違いではないよね。米軍は朝鮮半島にも駐留しているし、台湾への関与も強化しつつある。

妻　あのマッカーサーも解任後「台湾を失えば太平洋を失うのと同じだ」と証言しているんだものね。

岬　ウクライナ情勢でガソリンの値段が一時高騰したけど、欧米などに比べて日本の場合はそう極端ではなかったようで、これも安倍さんの功績だと。

二〇二〇年一月、UAEのアブダビ国営石油会社と日本の経済産業省は業務提携を締結。その内容は、アブダビの日本の石油施設に約八百十万バレル超（1トンは8バレル）を貯蔵し、通常は何処の国に売却しても良いが、日本が石油不足に陥った時は一定量を日本に優先的に提供するという内容。

ロシア軍の侵攻後日本が極端な石油高騰に悩まなくて良かったのはこの業務提携のお陰（ガソリン補助金は二三年三月までで三兆一千億円）。この中東への戦略的な資源外交は二〇〇七年の第一次安倍内閣の時から。長い年月を掛けて実現した業務提携だから安倍さんも思い入れがあったんでしょう。署名式には本人も参加したらしい。首相退任後の事だよね。

こうした経緯があったからだと思うけど、アブダビの国営石油会社の超高層ビルの窓一面には、安倍さんの遺影と日の丸を大きく映し出して弔意を表してくれていた。私はその動画をネットで見たけど、中東で最も高く評価された日本の政治家。

妻　問題点は皆無とは言えないだろうけど、国民が恩恵を受けているのも事実。しかし左派勢力やメディアは「国葬反対！」の大キャンペーン。「自分達でもそんな外交は出来る」と思ってるのかしら？

夫　朝日新聞なんかは安倍氏の死を冒涜する川柳を掲載して大批判を浴びていたけど、慰安婦報道と同様この新聞社の体質はそんなもの。

それでも、毎日新聞の世論調査では七〇％の人が安倍氏を高評価と。

岬　「若い世代の人達に評価が高い」ってね。つまりはテレビを殆ど見ないからでしょう。

共産党を主体とした国葬当日の数十人の反対集会に比べ、一般人の献花は三～四時間待ちの長蛇の列。一周忌でも明らかで、これが安倍さんへの国民の評価。
安倍さんが将来を見据え、明確な国防構想を持って職に任じてくれていたのは間違いない。

警戒すべき国内の親中韓勢力

夫 それにしても、旧統一教会の政界浸透については以前からネットでもかなり採り上げられていたけど、ここまで深刻だったとは正直驚いた。自民党に限らず立民、国民、維新などの野党や地方の首長まで。これでは親韓議員が減らないはずで、何か対策を講じないと。何しろ、日韓トンネルを進めているのはこの統一教会系の団体で、実際九州佐賀県の唐津市からトンネルを幾らか掘り進めているらしい。長い距離ではないようだが、国境を跨ぐ可能性のあるプロジェクトを民間の宗教法人、しかも韓国人が開祖の団体が実施しているとは大問題だろうに。

妻 国防上も、疫病対策上もね。日本は海に囲まれているから護られてきたのに、これでは陸続きになってしまう。

二〇二一年から施行された改正種苗法。これまでに苺やリンゴのふじ、サクランボやシャインマスカット、新品種のルビーロマン、サツマイモやみかんなど日本で交配された農作物が少なくとも三六品種中国や韓国に盗み出されて栽培・輸出され、全体の損失は一千億円を超えるという(二二年七月十九日「産経新聞」)。こんな計画に「賛成だ」と声を挙げてる人物も居るんだから。

岬 二二年十二月には沖縄の希少生物「いぼイモリ」六匹を持ち出そうとした韓国人も居たしね。

夫 もし朝鮮半島有事となったら難民は日本になだれ込んで来るだろう。何時もは反日運動ばかりやっているからといって避難民を全く受け入れない訳には行くまい?

妻 日本の政治体制は根本から整え直さなければならないこの時期。公明党は参院選前は「自衛隊の九条明記」に「検討すべき」と言っていたけど、選挙後は慎重姿勢に後戻り。十二月に入ってようやく反撃能力保有を閣議決定。予算も五年間で四三兆円。長距離・超音速ミサイル保有も決定し、二三年五月になってようやく岸田さんは改憲の必要性に言及。

岬　三月にウクライナを訪問して実情を知ったからだろうって。

夫　ジャーナリストの山口敬之氏は参院選後、ＹｏｕＴｕｂｅの「文化人放送局」で「この反撃能力保有を含む安保三文書は安倍政権時代からの既定路線で、元の予算は約五六兆円。岸田さんは非核三原則は残したまま増税まで口にした」と批判。本気だと良いけど…。

岬　日本は中国、北朝鮮、ロシアと核保有国に囲まれてるんだから当然。北朝鮮から発射された場合東京に着弾するまで約十～十一分。ソウルでは約六分らしいから、九州辺りでは七～八分てとこでしょう。この間にどうやって対処するか？中国は二〇三五年までに核弾頭千五百発を保有するって？

妻　安倍さんは「核シェアリング」の話はしてたよね？米潜水艦に核兵器を搭載して日米で共同運用するという。

夫　それが一番効果的なのにね。ウクライナが攻め込まれたのは核兵器を放棄したから。日本独自で核実験なんかは出来ないだろうから、ＮＡＴＯと同じような体制にしないと護れないのは明らか。日本もそのチャンスはあったらしい。

中国が核武装したのが一九六四年。当時佐藤栄作首相は「米国の核抑止力に依存する」と述べていたが、沖縄返還を控えた一九六八年（返還は一九七二）「核は持たず、造らず、持ち込ませず」の「非核三原則」を表明。実はこの沖縄返還に際し、米国から「日本は核武装した方が良いのではないか」と告げられたそうだけど、その時公明党が持ち出したのがこの「非核三原則」だったと明治大学教授の飯田泰之氏（ＹｏｕＴｕｂｅ「虎ノ門ニュース」）。

それに、二〇二一年菅政権下で成立した「土地利用規制法」。外国人の自衛隊基地周辺や水源地、そして離島などの「土地取得への危惧」から検討されたものだが、公明党の反対で「土地利用の規制」となり、「特別注視区域」から市街地は排除され、防衛省や海保の施設、原発などの重要インフラも排除できるようにし骨抜きになってしまったと。加えて違反者への罰則も二年以下の懲役という実効性の乏しいものに（ジャーナリストの大高未貴氏・「虎ノ門ニュース」）。

岬　沖縄の無人島を中国人女性が購入したって？実際は香港に本社を置く親族の会社が島の半分超を取得。日本の事務所は無人らしい。北海道札幌の雪まつり会場では不動産会社が

「東京でビルを持ちませんか？」と外国の富裕層、多分中国人向けにアピールしている状態。国防上ホントにどうかと思う。

夫　元々日本の安全保障には消極的な政党。ということは自衛官や国民の生命より中国の利益の方が大事だということ。

岬　参院議員の青山繁晴さんは、安保三文書の中で中国が日本のEEZ内にミサイルを着弾させたことへの驚異を、まるで他人事のようトーンダウンさせた政府に激怒。ウイグル問題で中国の国名表記を回避させたのも公明党だと言われているし。

妻　この統一教会の問題に関しても公明党の山口代表は「政治と宗教の関係はコメントを控える」だって。

夫　そりゃそうだろうね。韓国の学会信者は約一六〇万人といわれる（二〇一八年韓国側の発表）。あの二〇〇五年島根県の「竹島の日条例」の制定に際し、韓国創価学会も十万人規模の反日大会を開催していたという（東海大・島根県立大客員教授　下條正男氏）。韓国内での事とはいえ、動員を掛けてこうした政治活動をする団体が支持母体なんだから。

岬　今回の件でも韓国の統一教会は「宗教弾圧を止めろ」と四千人規模の大集会。在韓日本人妻達も多く駆り出されたようだけど、この日本人妻や子供達の殆どは日本国籍らしい。イザという時都合が良いからだろうね。利用されるばかりで…。

統一教会のことは二人共知ってたんだね？

妻　知ってたよ。三〇年以上も前（一九八七年）だけど、霊感商法などでかなり大きな社会問題になった。テレビタレントだった飯星恵子さん（父は作家の飯干晃一氏）も被害者の一人で、彼女も「徹底して洗脳される」って。それに、韓国人と結婚させられた日本人女性はまるで奴隷のようにこき使われ、身も心もボロボロになって帰ってくるという記事を読んだ記憶もある（週刊誌？）。

岬　ジャーナリストの有本香さんが「虎ノ門ニュース」で言ってたけど、この教団は教義も滅茶苦茶で、「日本人は罪を背負って生き続けなければならない」とか「朝鮮半島に奉仕し続けろ」とか…。日本は朝鮮半島を支配した国だから罪を犯した国家であると。

夫　あの「竹島の日」条例を制定した年、韓国では和服を着た女性達が公衆の面前で頭を下げて謝罪していたけど、それがこの統一教会で韓国人男性と結婚した日本人妻達らしい。そのことは後にネットで知ったんだけど、映像自体は当時テレビで流れたよ。

妻　ホントにイヤーな感じだった。

岬　信徒二世の談話もあるけど、親が信徒だったから仕方なく入信した女性は、韓国人の男性と二度結婚してどちらも離婚。暴力と金銭問題が主因で、彼女は自己破産したらしい。日本人女性を不幸に陥れる団体のどこに宗教性があるんだろう？

夫　要は日本で金を集めて韓国へ送金させるのが目的だろう。遣ってることがそうだから。金に固執するのは宗教心とは最も掛け離れた行為なのに。この少し後に「日本を乗っ取ってやろう」という妄想に取りつかれたオウム真理教の凶悪事件が発生。それで統一教会問題は有耶無耶になってしまったけど、この教団も「世界統一」とか言ってるんだからかなり怪しい。「竹島の日」の動きからして宗教団体というより政治団体。反日のね。

二二年十二月に「カルト救済法」なるものが成立したけど、献金救済に関しては実効性が低いと言われ、それも公明党に配慮した結果と。

何しろ、地下鉄で毒ガスのサリンをばら撒くテロ事件を起こしたオウム真理教にさえ「破壊防止法」の適応を見送ったんだから。日本政府は一体何をやって来たのか？スパイ防止法も制定できないままで。こうした動きに大反対したのは左派勢力やマスメディア、そして人権派と言われる被害者の人権を全く無視した弁護士達。スパイ防止法に反対するのはスパイの嫌疑を掛けられるのがイヤな者達に決まってる。そんな者達に流されてきた日本はこんな所まで来てしまった。宗教を隠れ蓑にして日本を貶める団体には最大限警戒しないと。宗教心も無いのに宗教を語るなんてただの大ウソつき。

妻　「思想や宗教を持たない日本人は洗脳されやすい」って話したけど、元々日本人にはアダムとイブの説話のような宗教的な原罪意識が無い。その真っさらな意識の中に戦後教育で近代への贖罪意識を植え付けられているから「朝鮮半島に奉仕云々」なんて言われても鵜呑みにしちゃうのかな？貴方は大丈夫よね？

岬　私は大丈夫だよ。近代日本がどれだけ当時の朝鮮を助け、財政的に保護していたか分かっているから。日本が行った「土地調査事業」で当時農民の八割に上った小作人達にも土地の所有が認められたし、地租は内地が二五％だったのに対し朝鮮は僅か三・八％。退職官吏の恩給なども内地の負担で、加えて昭和十二年までは軍事費の負担も無し。道路、学校、水道、港湾、ダム、鉄道、電気、通信などあらゆるインフラを整備し、その投資額は今日の約六〇兆円以上。それに、今ではそうした内容が写真も含めＹｏｕＴｕｂｅで結構配信されてる。オランダ人宣教師とかイザベラ・バード女史など西洋人の手記なんかもね。

特に日本人女性と結婚した韓国人男性が韓国語で配信している「キムチわさび」は、当時の新聞記事などの資料を提示して韓国の歴史教育の問題点を指摘。おかげで「朝鮮の独立運動家達は勝手に税金を徴収していた元両班（ヤンバン）（官僚・特権階級）と大地主で、初代大統領の李承晩も元は両班だった」こと。この独立派の人達が民衆に対してどんな酷いことをしていたか、そして伊藤博文を暗殺した安重根もその一員だったこと。また野口遵（したがう）という日本人が当時の朝鮮の発展に如何に貢献したか、日本がそれまでの身分制度を撤廃して民衆に自由を与えたことなどが分かった。彼は二〇代後半位の人だけど「慰安婦扇動については国連の人権委員会まで出向き、終止符を打ちたい」って。

妻　ホントに悔しいね。豪州どころではない。日本こそしっかりしなければならない時なのに。日本が大統領制を採用し、安倍さんが初代大統領になるのが私達の夢。世界を相手に交渉できる人物は他には居ないでしょう？

岬　今回の参院選では改憲勢力が三分の二を獲得。憲法改正へ向けての国民投票法も二一年に成立させていたし、その努力は報われつつあったのに。

夫　でもそれが民意には違いない。日本の将来を信じて自民党の改憲案を検討してみようか？全くの素人だけど、国民レベルで改憲への熱意が高まること。それが安倍さんの一番望まれたことだと思うし、何よりの供養。

妻　……否、供養というのはまだ早い。正直旅立って欲しくないのもあるけど、今の日本じゃ安倍さんも安心して旅立てないよ。

自由民主党　改憲草案前文

日本国は、長い歴史と固有の文化を持ち、国民統合の象徴である天皇を戴く国家であって、国民主権の下、立法、行政及び司法の三権分立に基づいて統治される。

我が国は、先の大戦による荒廃や幾多の大災害を乗り越えて発展し、今や国際社会において重要な地位を占めており、平和主義の下、諸外国との友好関係を増進し、世界の平和と繁栄に貢献する。

日本国民は、国と郷土を誇りと気概を持って自ら守り、基本的人権を尊重するとともに、和を尊び、家族や社会全体が互いに助け合って国家を形成する。

我々は、自由と規律を重んじ、美しい国土と自然環境を守りつつ、教育や科学技術を振興し、活力ある経済活動を通じて国を成長させる。

日本国民は、良き伝統と我々の国家を末永く子孫に継承するため、ここに、この憲法を制定する。

我が家の新憲法前文案

日本国民は、世界の恒久平和を念願し、世界中の各々の民族が、抑圧によって人権や自決権を奪われることなく、等しく地球で生活する人類として互いの文化を尊重し合い、共に国際社会の一員としてその秩序維持に努め、国際紛争を解決する手段としての軍事力の行使は行わない国際社会を理想としてその実現を目指す。

我々人類にとって、地球の環境保全は人類存続の絶対条件であり、飢餓の克服も地球環境の維持なくしては本質的には解決し得ないとの問題意識を世界中の国々が共有し、世界中の各々の民族が、自ら育み得た各々の文化を子々孫々にまで継承し得る環境にまで改善させることで協力し合うべきとの認識を持つことこそが人類の叡智であり、現在を生きる我々人類の責務であると確信する。

我々日本国民は、過去の歴史を踏まえながら、今後の国際社会が目指すべき目標を掲げ、その実現のため、ここに新たに憲法を制定する。

第二章　安全保障　九条について

（平和主義）

第九条　日本国民は、正義と秩序を基調とする国際平和を誠実に希求し、国権の発動としての戦争を放棄し、武力による威嚇及び武力の行使は、国際紛争を解決する手段としては用いない。

2　前項の規定は、自衛権の発動を妨げるものではない。

夫　まずこの第九条から。第2項で条件を付けているものの、第一項は現行と同じ「国際紛争を解決する手段としては武力は用いない」という内容。これをどう思う？

岬　我が家ではこの内容は条文として残さない方が良いという考えだよね？

夫　これだと北朝鮮や韓国は大喜びだと思わないか？「最悪の場合でも日本は軍事力で拉致被害者を取り返しに来ない」し、「竹島の奪還もない」と。自らそう規定してるんだから。仮に朝鮮半島で動乱が起こり、米韓両軍が北朝鮮へ侵攻することがあったにせよ、日本は自衛隊＝国防軍を派遣して被害者の奪還に行くことはないと宣言していることになる。これでは拉致被害者家族の人達に失礼だと思うし、中国が「台湾に攻め込んでも日本は積極的には動かない」と判断する可能性も。ロシアとは北方領土の問題もあるんだし。

岬　反対派の事があるのかな？

妻　議論する前から配慮してもしょうがないと思うけど。その反対派に対処するためにも九条は国家の理念に格上げし、「国際紛争を解決する手段としての軍事力の行使は行わない国際社会を目指す」と前文に掲げた方が良いと。それが我が家の意見。

夫　拉致被害や竹島問題はそれ以前から引きずっている案件。これまでも外交努力はして来ているんだから。北朝鮮の軍事技術が日進月歩なのは明らかで、日本も何時各国との軍事行動に加わらなければならないか分からない状況。最悪の場合は軍事力の行使もあり得るという解釈の余地は残さないと。

妻　前も話したけど、その理念を掲げる日本に軍事的圧力を加えようとする国があれば、断固として戦う体制を整えるということよね。

岬　当然の自衛権！

夫　僕にはね、「もしかしたら安倍さんはそういう構想を持っていたのではないか」と思える節もあるんだ。氏が二〇一五年米上下両院合同会議で演説したことがあっただろう？

岬　あの「希望の同盟」「積極的平和主義」と訴えた時ね。

夫　米国のＴＰＰ参加を強く要請していたけど、言葉の端々にそう感じられる部分が…。

……略……

環太平洋経済連携協定（ＴＰＰ）について

……略……

太平洋の市場では、知的財産がフリーライド（ｆｒｅｅｒｉｄｅ＝ただ乗り・筆者注）されてはなりません。許さずしてこそ、自由、民主主義、法の支配、私たちが奉じる共通の価値を、世界に広め、根付かせていくことができます。

その営為こそが、ＴＰＰにほかなりません。しかもＴＰＰには、単なる経済的利益を超えた、長期的な安全保障上の大きな意義があることを、忘れてはなりません。

経済規模、世界の四割、貿易量で、世界の三分の一を占める一円に、私たちの子や、孫のために、永続的な「平和と繁栄の地域」をつくりあげていかなければなりません。日米間の交渉は、出口がすぐそこに見えています。米国と、日本のリーダーシップで、ＴＰＰを一緒に成し遂げましょう。

地域における同盟のミッション

……略……

アジアの海について、私がいう三つの原則をここで強調させてください。第一に、国家が何か主張するときは、国際法にもとづいてなすこと。第二に、武力や威嚇は、自己の主張のため用いないこと。そして第三に、紛争の解決はあくまで平和的手段によること。

太平洋から、インド洋にかけての広い海を、自由で、法の支配が貫徹する平和の海にしなければなりません。そのためにこそ、日米同盟を強くしなければなりません。私達には、その責任があります。

……略……

首相の米議会演説の全文より抜粋

インターネット「日本経済新聞」二〇一五年四月三〇日

夫　「ＴＰＰには経済的利益を超えた長期的な安全保障上の

大きな意義があり」、「アジアの海では国家の主張は国際法に基づくこと、武力や威嚇は自己の主張のためには用いない、紛争の解決は平和的手段による」と。

岬 確かに。第九条の規定をＴＰＰ加盟国にまで広げた感じではある。でも、域内の安全保障が担保されなければ経済圏なんて絵空事だから。

夫 現在の国連が機能不全に陥っていることは前も話したよね。ロシアや中国のように、常任理事国ばかりが問題を起こすと。

この国際社会の中に、安倍氏が訴えた自由、民主主義、法の支配といった価値観を共有する国家グループをＴＰＰで形成すること。そしてその価値観を共有出来る国を次第に増やして行き、国連とは別の国家グループを形成しようという構想があったのではないかと。

こうした内容は同年八月に発表された「戦後七〇年談話」でも触れられている。「価値を共有する国々と手を携えて…」と。

岬 その基になるのがＴＰＰ？

妻 飽くまで可能性だけど、決して無いとは言えないね。ＥＵはとっくにそうなっているし、今はインド・太平洋地域の連携強化が急務で、完全なる中国包囲網を構築しなければばって。台湾も二〇二一年ＴＰＰ加盟参加を申請しているし、英国は二三年七月正式加盟。

夫 今ＮＡＴＯと言ったけど、将来的にはこのＴＰＰ加盟国の安全保障体制をＮＡＴＯのような体制に出来ないだろうかと。

岬 一国が侵攻されれば加盟国全体で対応するということ？

夫 「経済的な利益を超えた長期的な安全保障上の大きな意義」と殊更強調しているのは、そうした構想があったのかなと。豪州とは準同盟関係のようになったし。

妻 二三年五月にＮＡＴＯの連絡事務所開設に向けて調整中との報道はあったけど、「アジア版ＮＡＴＯ」のような構想までは分からない。自民案の九条では無理だもの。

夫 無論憶測だから。でも、少なくとも現在の中国に対応するにはこうした動きを促進する必要があり、それには日米同盟が重要なカギ。

米国のＴＰＰ脱落は大打撃だったけど、日本も憲法改正や自国を護る法整備すら出来ないのであれば、中国の影響下に置かれる可能性は高い。
　だからこそ、その現状を見据えた上でも第九条は国家の理念として掲げ、第九条は改憲案の国防軍に関する九条の二項で良いのではないかと。
「日本国民は、正義と秩序を基調とする国際平和を誠実に希求し、我が国の平和と独立並びに国及び国民の安全を確保するため、大統領を最高指揮官とする国防軍を保持する。
　2以下はそのままで。九条の三には領土、領海、領空の保全と資源の確保も明記されているので大賛成。もし軍事行動に関する規定が必要なら
「軍事行動については国際法に準ずる」と。こういう内容で…。

天皇の位置づけについて
先帝陛下のお言葉から考えてみる

第一章　天皇

第一条　天皇は、日本国の元首であり、日本国及び日本国民統合の象徴であって、その地位は、主権の存する日本国民の総意に基づく。

夫　天皇の位置付けについて。前文には「日本国は…国民統合の象徴である天皇を戴く国家であって…」とあり、天皇が我々日本国の国家としての個性や独自性を象徴する存在であることを示している。
　日本の憲法が天皇で始まるのは至極当然であり、日本独自の存在であることに異論はないが、前に話したように天皇を国家元首として位置付けることが最善かどうか？

妻　我が家と一番意見が異なる点だけど、戦前の明治憲法の状態に戻すということよね？当時とは時代背景も社会の発達程度も全く違うのに。

岬　幕末までの日本人社会には今日でいう国家、国民という概念は未発達だったんだよね。当時の人達が「国」と言うと二七六に分かれた各藩のこと。各藩は行政権や自前の軍隊も持っていたし、民衆の生活基盤は其処にあった。大名家の歴史書なるものは存在しても日本国という国家としての歴史書もまだ無かったんだから。加えて当時の日本には社会生活の

基盤となり得る明確な思想や宗教も無かった。

国家観もそれ程発達せず、各藩への帰属意識が強かった当時、下級武士を中心とした明治新政府が日本国を一つの生活単位（統一された国家＝共同体）としてスタートさせるには、武家政権より上位の権威性を保持して来られた天皇家に「日本は古来より天皇が統治されてきた国」として国家の中心的役割を担って戴くしかなかった。神道を国教化して文化的な基盤とし、王政復古後変遷はあったが国家元首という政治の中心的な役割も負われた。その意味合いもあって行われたのが宗教色の強い京都から東京への遷都。

夫 政治に関与する欧州の皇帝のような感じにしたかったのだろうと。

尤も明治憲法と同じと言ったけど、当時の憲法では天皇は「統治権の総攬者（第四條）」と規定されていたから、全てを把握しておくのが役割。この点は自民案でも現行憲法通り「国政に関する権能を有しない」となっている。

岬 以前話した「天皇は政治的に規定しない方が良い」という意見、私は前より理解できてるんだよ。あの話の後、確か高校卒業後だったと思うけど、ちょっと気になるニュースがあったのでＮＨＫを見たら、優生保護法のことをやってたみたいで。そこで昭和天皇の署名、押印された詔書を映し出したんだよ。

妻 障害者の強制不妊手術の件ね。

岬 そう。ネットの「ＮＨＫハートネット」でも同様に天皇の詔書が冒頭にドアップで出てくるけど、要するにこういう事は止めるということだよね？

夫 そう。この法律自体は昭和二三年（一九四八）の成立だけど、天皇が政策審議や決定に関わられることは無いんだから、天皇の署名、押印によって法律や政策が最終的に承認されるかのような仕組みは止めた方が良いと。

そう思うには理由があって。僕等が高校生位の頃、昭和天皇が訪米されたことがあったよね？

妻 あったね。一九七五年、フォード大統領の時。

夫 その時天皇の記者会見が開かれて。米国の記者が「あなたは何故当時の戦争を止められなかったのですか？」と質問したんだよ…。

妻 ウーン、そうだった！そういう質問はしないように日本側から申し入れはしてたでしょうに。

夫 まァ、真珠湾をだまし討ちにしたという思いもあり、日本がなぜ戦争を決意せざるを得なかったかなんて知らないだろうし。当然「ハルノート」の内容も知らないだろう。

岬 東京裁判でパールハーバーを中心訴因から外し、所謂二〇年間の「世界征服」の「陰謀」まで訴因を拡大せざるを得なくなったとミアーズさんが言ってたけど、そんな荒唐無稽なプロパガンダが「平和に対する罪」の訴因の第一だったこともね。尤も殆どの日本人も知らないけど。

で、昭和天皇は何て？

妻 確か「当時の私にはそうした権限は与えられていないのです」と。

夫 当時の憲法も見せたから分かると思うが、これは当然だろう？ 当時の天皇に政府の決定を覆せる権限があったわけじゃないんだから。

妻 まだ若かったけど、この時の昭和天皇の表情は今でも覚えてる。

夫 だね。あの苦渋に満ちた表情には僕も胸が痛くなった。尤も、「いい気味だ…」と思った馬鹿な日本人も居たことだろう。

妻 ホント、最低だわ！

夫 この記者会見の映像を観ている時僕は本当にお気の毒で、それがずーっと心に残ってね。日本の近代を自分なりに見つめ始めたのは少し後の事だけど、「当時の日本は何故天皇の権威性を頼りにしなければならなかったのか？」という点は常に考えていた。文化的、政治的に何が未発達で、どういう点が不足していたのかと。

妻 近代日本の歩みについては以前話したよね。取り分け昭和に入ると世界情勢は緊迫化。金融政策の失敗に世界恐慌も相俟って経済的に窮した日本は満州国を承認して国際的に孤立。やがて世界経済はブロック化へと進み、その経済障壁に追い詰められた日本は自ら経済圏を確立しようとしたが戦いに敗れ失敗。しかし、日本の敗戦後東南アジア諸国は独立して有色人種国家が次々と誕生。欧米列強の経済障壁に苦しみ企図した「大東亜共栄圏」構想は潰えたが、戦後の日本は米ソの冷戦構造に組み込まれ、その生活圏（貿易圏）は米国を中心とした西側諸国まで広がる。

夫 敗戦当時の日本人は生きることに精一杯で自覚していなかったにせよ、その生活圏が大きく広がったのは確かなこと。

岬 それで「日本国という生活単位の象徴」という観点で捉えれば、天皇の政治的な役割は終わっている」って。

夫 うん、そう考えたのが三〇年前くらい。社会に対する帰属意識が強い日本人。自らが属する地域社会のルールを尊重するのが日本人の生活倫理の基本。日常生活の基盤が各大名家にあった幕藩体制下では「お家の為に…」と団結したし、武家が消滅して日本国を生活単位にした近代においては「お国の為に」と頑張ったんだから。今日では国家意識や政治制度も発達し、我々国民が選挙権を有し、各企業が世界中で経済活動をしながらそれらの国々と関わっているのは周知の事。

国というのは今では我々が生活する地域社会の延長線上にあるもので、昔のように国家が別次元に存在するものではないだろう？

妻 それが民主主義が根付いた証だよね。

岬 既に生活単位が世界に広がった今日、これからは「世界の平和と人類への貢献という普遍性のある理念を掲げた憲法にした方がいい」と。

夫 尤も初めはそれ程ハッキリ思っていた訳ではなく、生活単位という観点で捉えれば現在のそれは世界に広がっているから「その方が良いんじゃないかなァ…」という程度。その考えが変わるにもやはり切っ掛けがあって。以前「第二次橋本内閣」の時の話をしただろう？

妻 ……汚職事件で有罪になった人物を閣僚に据えた件？天皇の権威性をこれ程軽んじた行為は無いって。

岬 あの「マスコミの大批判で交代させた」という？

夫 実はこれより少し後に天皇の記者会見があって。天皇誕生日だったのか、即位何周年という類のものだったのかはハッキリしないんだけど、少なくともこの閣僚交代の後だったのは間違いない。その時明仁天皇は

「昭和天皇のお気持ちがよく分かった」と述べられてね。

妻 閣僚交代の件を指して言われた訳じゃないよね？

夫 勿論、天皇はそういうことは述べられないし。確か即位されてからの感想だったと思うんだけど、そういうタイミングだったのは間違いない。

岬 その時訪米時の昭和天皇のことを思い出した？

夫 そう。ずーっと胸に引っかかっていることだったたから。権限も与えられず、政府の決定は承認せざるを得ない。それが天皇の政治的な立場。

昭和天皇の訪米時のご様子が皇太子時代の明仁天皇に何の影響も与えなかったなんてあり得ないだろう？

妻　そうねェ、当時は既に四〇歳代だったはず。高校生だった私でもあの時はホントにイヤーな思いがした。当然今上陛下は覚えていらっしゃるはず。

夫　その時僕はハッキリと思ったんだ。「天皇は政治的に規定しないほうがいい」と。

今の中国やロシア、北朝鮮、韓国の動きを見れば、いずれ軍事的な衝突が起きる。そうは思わないか？

妻　可能性は高いね。中国が一番危険だけど、ロシアや北朝鮮もあの調子だし。

岬　あって欲しくはないけど、大半の国民はそう思ってるよ。参院選の結果を観れば明らかだから。

夫　もし戦端を開かざるを得なくなった場合、かつてのようにまた天皇の承認を仰ぐのだろうか？

妻　……！でも、現在の制度ではそうならざるを得ないいんじゃない？

夫　ということは、戦前と同じく、軍事行動の最終承認者は天皇ということになってしまう。昭和天皇の訪米時の記者も天皇の裁可を経ているという点で「戦争の責任は？」と問いたかったんだろうから。

僕はね、自民案もそうだけど、保守派の人達の「天皇を国家元首に」との意見にどうしても納得できないのがこの点。

象徴（symbol of the State and unity of the People）という位置づけである現在でもそうなんだよ。これが国家元首（Head of State）となるとその政治性はもっと強くなるはず。

妻　権限は無いのだから、天皇に政策に対するチェック機能を期待しているわけでもなく、かといって権限を持たれると政治的な責任が生じてしまう。つまりは今のままということになるでしょうね。

夫　以前近代を振り返りながら昭和天皇の御苦労なども話したけど、その後の訪米時の出来事や明仁天皇即位後の御発言などを考えると、僕には「天皇を国家元首に位置付けること」＝「天皇を大切に思っている」とはとても思えない。本来は「天皇のご負担は大き過ぎないだろうか…」と考えるべきではないかと。

妻　確かにね。天皇のお立場では影響の大きさからそのお言葉には細心の注意を払わなければならないはず。外国の賓客と接された際は特にね。政治家や一般人みたいに言い直しは利かないんだから。加えて国民行事への御列席や災害があれば被災者を励ましたいと。何事にも真摯に取り組まれる御性格。この点は今上両陛下も同じだと思うけど、上皇陛下の「高齢による職務遂行への不安」という生前退位の希望理由でも分かったもの。

夫　他にも天皇でなければならない宮中祭祀もあるはずだし、「せめて政治的な事柄からは解放して差し上げられないものか…」と。政治的な決断というのは内外の諸情勢によって変化するものだし、後で評価が分かれることもあるだろう。政治家は辞めれば済むかもしれないが、天皇はそうはいかないんだから。

岬　案外正しいかもよ。当時の明仁天皇は退位が決まった後の誕生日の会見で

「平成が戦争のない時代として終ろうとしていることに、心から安堵しています」って。

夫　「天皇を国家元首に」と言っている人達に訊いてみたいね。昭和天皇の訪米時の記者会見、

あれは**「天皇だから止むを得なかった…」**とお考えですか？

天皇の国事行為について

夫　自民案の「天皇」に関する条文を読んでみて（後述参照）。国事行為や種々の認証事項があるけど、それらは現行憲法とほとんど変わらない。

岬　天皇は「日本国の象徴」という位しか知らなかったから。改めて読んでみると本当に制約が多いんだね。第六条の4には「すべての国事行為には内閣の助言と承認が必要」と。無論、天皇に政治的な責任が生じないように内閣が責任を負うことにはなってるけど。

妻　でも微妙な部分もあるよね。第六条の内閣総理大臣や最高裁判所長官の任命。これは天皇がその任命権者なのかどうか？指名するのは国会や内閣なんだから、第五条も併せて考えれば、任命しなければならない「義務」に近いような気がする。

岬　そういえば第六条の2にも天皇の国事行為は「国民のために行う」とあるけど、これも「義務」かなって。

夫　天皇が目を通される書類の数は年間千件以上。法律や政策に遅滞を生じさせないため、内閣からの書類はその日のう

ちに届けられるそうだ。

ちなみに、明治憲法の「総攬者」の規定だと政府の方針などに疑問や懸念を覚えられたら質問したり意見を述べたりすることは出来た。陸軍に対して「外交を優先するように…」と度々注意されたように。

しかし現行憲法でも自民案でもそのような解釈の余地は無いと思う。

これはどういうことかと考えてみたんだけど、現在の憲法が米国が押し付けたのは話した。つまり当時の米国は日本人が再び天皇を中心として団結し、反米感情を抱くのを恐れていたのではないかと。原爆や空襲は民間人を標的とした明らかな戦争犯罪。敵愾心を燃やしても不思議ではない。

従って、日本国憲法の前文の第一節の終わりに「われらは、これに反する一切の憲法、法令及び勅語を排除する」と入れたのだろうと（現行と改憲案末尾の最高法規に関する条文にもそれに類した文言あり）。

妻　つまりそれまでの日本は「天皇の意向によって政策変更が可能な国」と見做していたかも知れない？そう考えれば昭和天皇訪米時の記者の質問は分かりやすいか。

ただ、前に「国家としての意思がどこにあるのか分からない」と言ったけど、戦前は政府の方針に反して軍部が勝手に事件を起こしていたのも事実だから、強ち的外れとは言えないかも。

夫　無論これは推測だけど。ただ少なくとも国事行為等において天皇の意向が表明できる余地が無いのは確か。つまり現在も自民案でも、天皇は政治的な疑念や懸念を抱くこと無く、人間としての感情すらひたすら押し殺して職務を遂行しなければならない。条文の規定がそうなんだから。

もし日本が軍事行動に出ざるを得なくなった時、天皇はその職務上政府の決定を受け入れざるを得ない。戦前と同様に拒否権は無いんだから。

そうなった場合、日本が勝利するとは限らないよ。無論米軍次第だけど…。

少なくとも日本独力での防衛が不可能であることは多くの国民は理解しているはず。参院選の結果でもね。

岬　そういえばジャーナリストの有本香さんが「虎ノ門ニュース」で言ってた。

現在の日米安保では日本が領土、領海侵入を受けた場合戦うのは自衛隊であって、米軍ではないと。況してその自衛隊の人員不足は深刻。日本が再び敗戦国になった場合、その責任は天皇にも及ぶ可能性はある？

夫　憲法上天皇に権限は無く、内閣が責任を負うことになっているにせよ、それらの書類に最終的な認証を与えるのは天皇。天皇の認証＝正当な手続きを経たことの公的な証明。つまり日本の法律や政策は天皇の認証を経て初めて有効になるという仕組み。それが無くても効力は変わらないらしい。

かつての米国のように、戦勝国が天皇への敬意を持ち続けている日本人の特性を見逃すかどうか？特にそれが中露であるなら尚更だろう。

岬　戦勝国から「最終的に天皇は認証を与えているではないか」と追及される可能性は高いということか。

憲法というのは必ずしも国内の問題だけとは限らないんだね。だからこそ天皇を政治的に規定するのは止めて、大統領制にした方が良いと。

夫　新しい憲法にするなら、政治的な責任者を明確にし、国民が直接選挙で選ぶ体制に変えた方が良いと。選ぶのは国民だからその責任が国民にあるのは明白で、民主主義国ならそれが当然だろう。

天皇を国家元首と位置付けながら、米国が押し付けた天皇の国事行為に関する規定をそのまま踏襲するとはどういうことか？それともそういう認識も無いのだろうか？

妻　「天皇とはそういうものだ…」と思っているのかも知れないけど、これでは単に政策実行の精神的負担のみを負わせているだけだよね。昭和天皇のご苦労は一体何だったのかしら？

夫　僕がね、近代を振り返って一番思ったのがそのこと。敗戦後昭和天皇は退位の意思を側近に漏らされたことがあったようだ。

岬　それで？

夫　「最も厳しい道を選ばれるのがよろしいかと…」と側近に諭され思い留まられたと。戦前、戦後と、昭和天皇の歩まれた道のりが楽なものだったかどうかまともな日本人なら分かるだろうに。もしかすると、明治憲法の限界を最も感じておられたのは昭和天皇ご自身だったのかもしれないと僕は思っているんだけど、

このままでは

「昭和天皇のご苦労は後世の者達にとって何の意味も持たなかった…」

そうなってしまわないだろうか？

皇室も危機ではないのか？

岬　「天皇に甘える体質」って前に話したけど、日本人は今でもそうなんだよね。「天皇が居られる限り日本は大丈夫」とネットでコメントする人も居るから。天皇が居られてもこんな状況なのに。

妻　天皇の御負担など考えていないのは確か。でも「天皇に甘える」という点については、明仁天皇が生前退位の希望を表明されたとき、産経新聞のコラム欄で同じように昭和天皇の訪米時の記者会見に触れながら、

「我々は天皇に甘え過ぎていたのかもしれない」ってあったけど。

夫　僕も読んだけど、でもその後は一度も触れていないいんじゃない？

妻　ということは、考えていないか、考えがまとまっていないか？

岬　もしかして天皇の認証を問題視していることに気付いていないとか？

夫　それは無いと思う。それに僕の推測が正しいかは分からないし。

妻　私達からすると、それは伝統に基づく儀礼的なものだと理解はできるけど…。

岬　やっぱり「宗教性を帯びた政治的権威者としての天皇という存在は日本人にしか理解できない」んだよ。前に韓国は「天皇の謝罪を」とずーっと言い続けるだろうって話したけど、やっぱりだったもんね。

夫　止めるわけはないよ。実際日本の制度がそうなっているんだし、向こうとしては一番攻めやすい部分なんだから。

だから、天皇の認証が無くても効力が変わらないなら、誤解を受けるような制度は止めた方が良いと。

岬　天皇が政治的な決定に御裁可を与えるようになったのは何時ごろから？

妻　近代国家としてスタートした明治からじゃないの？幕末、

江戸幕府が「日米修好通商条約」を結んだことを攘夷派は問題視し、討幕運動を加速させて行ったんだもの。

夫　「勅許は得たのか」ってね。武家政権以前はあったろうけど、それはずーっと昔のこと。

妻　明治政府だって憲法発布に際して宮中と府中に分離したというのに。

岬　少なくとも日本人が天皇のご負担など考えていないのは確か。前天皇が「生前退位」の希望を表明された後、宮家創設とか女系天皇の是非といった論は出てきたけど、「天皇の御負担を如何にして軽くするか」といった意見は無いもの。

妻　天皇家にとって一番大切なのは国家、国民の安寧だと思うから政治とは不可分の要素はあるけど、天皇が直接政治に関わることは不可能なんだからやはり政治と祭祀ははっきり切り離したほうが良いよね。今の体制だと天皇の権威性が尊重されているとは思えないし、悪意ある相手に付け入るスキを与えないような制度にしないと。下手をすると、天安門事件後の上皇御夫妻と同じように、中国にまた政治利用されるかもしれない。

夫　普通に考えてだよ、ウイグルでの人権弾圧は国連でも認めているし、米国では民主、共和両党とも「ジェノサイド」と認定する国の指導者との会見など天皇が望まれると思うかい？最も忌み嫌われる行為だろうに。もうそうしたことからは解放して差し上げないと、天皇家自体が維持できなくなるかもしれない。

岬　じゃあ当時の明仁天皇が生前退位を希望された時は驚かなかった？私は少しは驚いたんだけど。

夫　驚くというより「やっぱりな…」という感じ。今の制度は天皇家にとってもう限界ではないかとずーっと思ってたから。

この前の結婚でもヘンな感じがしないか？

岬　……、皇族としての自覚？

夫　そう。あれだけ家庭に問題のある人物との結婚。殆どの国民はガッカリしていると思うけど。まァあれで「女系天皇はダメ」という認識はかなり広まったろうね。

岬　そうだね。米国での警備費用も高額になってると言われてるし。そうした自覚があるとはチョットね。自前なら別だけど、税金でしょ？おまけに米国まで巻き込んでいるんだから。学生の頃「税金の無駄遣い！」って言った人も居たもの。

妻　「皇居東御苑に二階建ての巨大なカフェを造られる予定」ともあったね？三の丸尚蔵館の建て替えに伴うもので、「来場する外国人への情報発信の場にしたい」と。長引く不況にコロナの追い打ちで将来を担う若者達も疲弊している今、政府は低所得者層に補助金を出したり、減額された年金でつましく生活している国民も大勢いるというのにホントに必要かしら？東御苑が広すぎて休憩所が必要なら、屋根付きの休憩所を増やせばいいと思うけど。皇居は観光施設ではなく、天皇が祭祀を行われる神聖な場所なんだから。

岬　今ＹｏｕＴｕｂｅではジャーナリストの篠原常一郎さんが上皇后様や秋篠宮家に対する徹底した批判を発信してる。秋篠宮家は宿泊施設や飲食店に突然割り込み予約を入れたりするので施設側としては一般客を断らざるを得ず、キャンセルされた利用客は大迷惑。皇族に職員や警護員が随行しない訳が無く、貸し切り状態にしなきゃならないから。

夫　そういえば『週刊新潮』（二〇二二年六月二三日増大号）に宮内庁関係の不祥事なんかが特集されていて。その中で職員や皇宮警察などで皇族方の悪口が半ば公然と語られていると。反皇室感情を持った人物も居るようだが、その話が事実とすればある意味納得だね。役目だからといって急に振り回されれば不満が出るのは止むを得ない。皇族を警護しない訳にはいかないから。それが続くようでは「単なる我儘」だからね。

岬　秋篠宮邸の改修費もかなり膨大で（四〇億円）、「特権意識を持っているのではないか」と。コメントには「そんな家庭環境だから眞子様も…」って。その分「愛子様を天皇に」との意見が多くなってる。それに「昭和天皇は贅沢は好まれなかったのに…」とも。

夫　自民案にもあるけど皇位継承は男系、男子が絶対原則。それに、雅子皇后様に何の問題もないとは思えない。雅子様というよりご実家の小和田家の方だけど。

以前「サンフランシスコ条約」について話したけど覚えてる？あの十一条の「裁判を受け入れた」という件。従来は日本が独立を回復する条件として「判決の執行」を約束したもので、「裁判自体を受け入れたのではない」とし昭和三三年末までに条約に基づく手続きを経て全員釈放と。

岬　あの「衆議院全会一致で可決した」という件ね。英正文も確認したけど、判決の執行に関する条文だよね。

夫　この従来の見解を「裁判を受諾しているのだから裁判の内容を受け止める」「そういうものとして承諾する」と変更して国会で答弁した外務官僚というのが小和田恒（ひさし）氏。雅子様の実父。

　後の外務官僚もこの解釈を引継ぎ、以後の日本の外交は謝罪外交のオンパレードだったことは話した。

岬　教科書の内容に「戦争犯罪の記述が少ない」と圧力を掛けたり、中韓からの抗議は「内政干渉に当たらない」と国会で答弁したのが外務官僚や元外交官だったと。

　この小和田恒氏の件はウェブのニュースサイトで見たよ（MSNニュース・二三年九月七日・女性自身）。慰安婦問題に関し「日韓関係は法だけでなく、人間の問題として解きほぐさなければ」と韓国の「日韓フォーラム」で発言し、天皇の義父の発言だということで韓国の『ハンギョレ新聞』や『朝鮮日報』で大々的に取り上げられたらしい。宮内庁内でも「政治利用されないかと憂慮している」と。

夫　大事なことなので経緯を辿ってみる。

一九七二年　（昭和四七）　日中国交正常化

一九七六年　福田赳夫内閣総理大臣秘書官に小和田恒氏就任。日中平和友好条約の作成に携わる

一九七八年　A級戦犯合祀問題が起こる

一九七九年　対中政府開発援助（ODA）開始

一九八二年　教科書誤報事件が発生。これを機に中国では「南京虐殺記念館」や記念碑、韓国では独立記念館などを建設

　事態の鎮静化を図った宮沢官房長官が教科書検定に「近隣諸国に配慮する」旨を発表

一九八三年　吉田清治「慰安婦の強制連行」に関する著書を発刊

一九八五年　八月十五日　中曽根首相が閣僚と共に靖国神社へ公式参拝。これに対し中韓両国から批判

　十一月　外務省条約局長の小和田恒氏国会にてサンフランシスコ条約十一条の解釈変更の答弁

一九八六年　中曽根首相の靖国参拝中止。その理由を「あの裁判を認めているとの大前提に立って…」と後藤田官房長官が説明

一九八九年　…昭和天皇崩御…

中国天安門事件発生
（外務事務次官・栗山尚一…八一〜八四年は条約局長）
一九九〇年（平成二）　学校教科書検定規則変更（「近隣諸国に配慮する」旨の通達・義務教育も高校も同じ）
一九九一年　朝日新聞が「慰安婦問題」の吉田清治の著書をスクープ（外務事務次官・小和田恒）
就任直後韓国の金学順氏の証言により「慰安婦問題」が浮上
一九九二年　天皇皇后陛下（現在の上皇ご夫妻）訪中
一九九三年　慰安婦募集に関し強制性はあったとの河野談話発表
皇太子さま雅子さま御成婚
それにより小和田氏退官。外務省顧問に就任し、開設された「日韓言論フォーラム」日本側代表に就任（外務事務次官・斉藤邦彦）

夫　「日韓言論フォーラム」は小和田氏が働きかけて発足した団体という。先の女性自身が取り上げたニュースは二〇二三年八月韓国で開催された「フォーラム」の式典で、氏が長年の功績で表彰された際の発言。但し氏は、慰安婦問題が過熱していた時、「慰安婦問題は日韓請求権協定で解決済み」とする政府内の意見に対し、宮澤首相に前述のように語って説得したとも言われている。

岬　さっき話した「キムチわさび」さん。慰安婦問題に終止符を打ちたいというあの韓国の男性。彼は当時の慰安婦は業者が新聞広告で募集していたこと、そして女性を騙したり拉致したりして売り飛ばそうとした者達は警察が厳しく取り締まって救い出していたことなど、当時の朝鮮の新聞記事を提示して韓国の主張に反論してる。そんなこと調べればすぐに分かることだよね。

それに米ハーバード大のマーク・ラムザイヤー教授は二〇二〇年「慰安婦は性奴隷ではなく、強制連行もない」という論文を発表されている。そんな状況下での発言。

加えて東京裁判の解釈変更まで。これ、朝日新聞だけじゃなくて、現在の中韓との問題の全てはこの人達から始まったんじゃないの？韓国がどんなに騒いでも、長崎の軍艦島のように日本政府がハッキリと否定すれば良いだけのこと。教科書や応募工の問題もあるんだし。戦時徴用に応募した経験のある『日韓併合』（祥伝社刊）の著者崔基鎬（チェケイホ）さんは「戦時徴用は強制連行ではなく、本籍地の給与の四～五倍以上だった」って言ってるのに！

妻　頭の良い人のすることは私達には理解できないね。誤訳した日本文を更に引っ掻き回しているだけでしょう？当時の慰安婦募集の新聞広告では月収三百円とある。一般兵が月収数十円だったのに佐官将校クラスの高給取り（「なでしこアクション」・「京城日報」）。昭和一九年（一九四四）の大卒の初任給が二〇円位。慰安婦が高給取りだった事は米軍の資料にもある。更には「日韓請求権協定」は竹島を自国の領海に取り込んだ李承晩ラインで漁船も漁民も拿捕され、言わば人質を取られながらの交渉（計三二八隻、死者四四人、抑留三九二九人）。日本としてはかなり譲歩したと思うけど、こうしたことも一切無視して。一体何処の国の役人かしら？

夫　小和田氏の事では他にもあって。二〇〇二年のサッカーワールドカップ。日本単独開催だったのを日韓共同開催の提案をしたのも彼だと。

現在は小和田家や紀子様の御実家についての情報もネットで飛び交っている。全てが正しいとは言えないだろうけど、全てが間違いと言えないかも。検索すれば出てくるから自分で判断してみて。

妻　私は読んでないけど、以前月刊誌『ＷｉＬＬ』に「皇太子様への御忠言」という記事が何回か載ったよね？

夫　東京電機通信大名誉教授の西尾幹二先生のね。二〇〇八年頃から度々あったようだけど実は僕も読んでいない。でも恐らく皇室の将来への危惧だろうと。僕でもそうした思いは持ったから。というのも、雅子様の場合母方も少しあって…。

雅子様のお母さんはチッソの娘さん。あの水俣病のね。お父さんは元々銀行員で、会社立て直しのために興銀から頼まれたようだけど、その被害の大きさや対応の不誠実さは多くの国民は知っていた。子供だった僕等にもその印象はあるから。

ついでだから言っておくと、お前がさっき話した野口遵氏。この日本チッソ肥料（株）という会社を設立したのが氏で、現在の北朝鮮にも工場や発電所など有した戦前の一大財閥だった。

僕等がこの御両親の事を知ったのは御結婚後の事だけど、優秀な人だからと言ってそういう所の娘さんを皇室に迎えるのはどうだろう？お妃候補に挙がった時点で宮内庁では分かっていたはず。他にも候補者は居られたんだから。どういう経緯で雅子様に決まったかは知る由もないけど、少なくとも当時の皇太子さまが「国民感情」に配慮されていたかは疑問。

妻　確かにね。天皇や皇族方はあくまでも公的な存在。私情を挟まず国家、国民の安寧を願われるのが第一で、国民への配慮は絶対的な基本だと思う。それに雅子様は体調不良で公務の欠席が長年続いていたから、それもあったんじゃない？

岬　その観点でいえば「眞子様の御結婚も…」だものね。悠仁親王殿下が居られるんだから、結婚相手は将来の天皇の義兄に当たる。そこら辺りは慎重になるべきだと思うけど、やはり皇族としての自覚の問題？昭和天皇のご一生をどのように考えておられるのか…。

妻　こういう事を言うと「不遜だ」とか「皇室には触れるべからず」的な発言があるけど、それは違うよね。天皇の地位は「国民の総意に基づく」と憲法にあるんだから、私達こそ皇室の将来は考えるべき。皇族の立場で制度上の事は発言しにくいでしょうし。それに、国民生活からあまりに掛け離れた言動が多くなると国民の支持が得られなくなるかも知れない。その方がもっと深刻じゃない？

夫　但し現在は違うよ。徳仁天皇は即位後随分変わられたと思う。以前に比べて風格が備わってきたし。伝統を受継ぐことの責任や自覚といったものがそのお姿から醸し出されるようになって来た。生意気だと言われるかも知れないけどね。有難いことだし、安心もしている。でもそれだけに「お妃選びの時はもっと国民感情に…」という思いはある。取り返しがつかないだけに尚更ね。

皇室典範も見直すべきでは？

岬　小和田家の件は、雅子様には関係ないだけに御気の毒な気がしなくもない。公務もしっかりと果たしておられるし。

夫　でも、A級戦犯問題から東京裁判の解釈変更に繋がる一連の流れは決して小さな事柄ではないよ。教科書検定を変更して国内では更なる自虐史観の教育。中国では南京虐殺記念館や記念碑、韓国では残虐な蝋人形で有名な独立記念館を建設した上内外での慰安婦騒動。子供達や日本の将来への影響は計り知れない。それに知っての通り「アジア女性基金」の諸経費だけで約五〇億円。加えて安倍政権時代の二〇一五年にまた十億円と我々の税金が使われているが、「不可逆的に解決」した「最終合意」も守られず欧米、特に米国を中心に慰安婦像は増加。米フィラデルフィアでは此度「慰安婦公園」の設置が決まったという。それがために現地の日本人、特に子供達が以前のように学校で嫌がらせやイジメに遭うとの懸念もある。

妻　この「慰安婦合意」は安倍さんの失敗。でもあの時「米国が介入したんじゃないか？」って話したよね。事実なら止むを得ないけど、ウソなんだから。

夫　そのウソを後押しして日本人を貶め、更なる反日教育に堕落させた中心人物が天皇の義父というのは何ともね。中国はその後南京事件を扱ったプロパガンダ映画を作成したり、日本軍は三千万人の中国人を殺害したと主張しているとも…。

氏の出自に疑念を抱く人も居るようだけど、僕も同じ。日本の利益のために働いて来たのではなく、韓国の利益を最優先したのは確か。日本の元外務官僚でありながら、韓国で慰安婦問題を自慢げに発言したのがその現れ。日本国内でそんな発言は出来まいに。

妻　でも結果的に、それは失敗だったね。韓国内でもウソに気付いた人達も出てきたし。何より日本人の韓国嫌いを決定的にしたのがこの慰安婦問題。日韓関係が良くなるどころか反って関係悪化という。宮内庁が危惧するようにもし韓国がこの発言を政治利用するとしたら、雅子さまの立場が良くなることはない。無論、既に皇后陛下になられているのだから多くの日本人はそのことをあげつらう様なことはしないでしょう。国民は未だ日本人らしい節度は持っているはずだから。

岬　そうした事に加え秋篠宮家の現状も…、か。そういう点を考えた上で「後継問題は皇族方に決めて頂いても良い」と考えているわけ？

夫　全くではないが、何よりも皇族方が「どういう継承の在り方を望まれるか」ということ。それが先にあるべきで、政府はその意向を受けて判断を下せば良いと。全て法律で決めるのは皇族方を無視、又は信頼していないという事にもなりかねない。

さっき「昭和天皇のご苦労を…」って言ったけど、僕等と皇族方とはその受け止め方は違うかも。昭和天皇の訪米時の記者会見は今上陛下は十五歳位。当然テレビでご覧になったと思うが、皇族方にとっては自分の身に起こる可能性もある訳だから。

　僕等の世代でも近代を否定的に捉え、天皇制だの侵略戦争などと日本を悪者に仕立て上げる自虐史観の教育。世相も又然りで、昭和天皇の戦争責任をテレビで論ずる手合いも居た。そうした時代背景で育ってこられた訳だが、一九九〇年の教科書検定規則変更後の世代の方々は僕等よりもっとひどい自虐史観の教育を受けられているだろうと。当然慰安婦のことなどもね。

岬　皇族方も同じ教科書なんだろうね？違っている方がヘンか。

妻　でも、宮内庁にはフォローしてくれる方が居られるのでは？

夫　どうだろうね。前述した栗山尚一（たかかず）氏（一九八一～八四年・条約局長）は中国への経済支援を推進した外務官僚だけど、「日本の外交は東京裁判を受け入れたという姿勢を基本にすべき」と、任期中の二〇〇六年二月号の『外交フォーラム』で主張しているという。

岬　要するに「世界征服を目論み平和に対する罪を犯した」との認識に立てと？

夫　韓国が事あるごとに「戦犯国」とか、旭日旗は「戦犯旗」でナチスドイツの旗と同じだと世界中のデザインにクレームを付けるようになったのはこうしたこともあったと思うが、栗山氏は退官後宮内庁参与に就任（二〇〇六～一二年）。役職としては天皇の相談役のような立場らしい。

妻　ホントに外務省って話にならないね。一体どこの国が欧米の植民地主義国と戦ったのか？日本が戦ったのは大国ばかり。その犠牲の大きさや日本の植民地での投資の実情等も全く無視して。

夫　こういう時代に育って来られた皇族方が、果たして自ら「近代の歴史と向き合わなければ」と考えられるだろうか？無論そうして昭和天皇の御苦労を胸に刻み込んで下さるのが一番良いのだけど、もしかすると、皇族として生を享けたことを重荷に感じる方が居られるかも知れない。

　二〇一九年に開催された「愛知トリエンナーレ」。その中で企画された「表現の不自由展」では、昭和天皇の御真影を燃やしてその灰を靴で踏みつける映像を流していた。加えて慰安婦を象徴する少女像の展示や特攻隊で亡くなった人達を侮辱するような内容さえ。昭和天皇の御真影の件は皇族方にとっては御身内のことだからね。

こんな世相、こんな教育のままで皇族としての自覚や誇りが保たれて行くかどうか？

岬 そういえば「学習院の左傾化が止まらない」って産経新聞の記事にあったね。それにジャーナリストの大高未貴さんは「日本のアカデミーは皆アカだ」って。反日思想に染まった奇妙な日本人。チベットやウイグル、それに香港での中国の弾圧を知っていながら何処をどうすればそんな考えになるのか不思議だわ。

夫 それだけ権力欲が強いんだろう。一握りの者達が民衆を支配する仕組み。僕等の世代なら天安門事件やカンボジアのポルポト政権のことなどは知っているはず。政権批判が出来るのは民主主義社会だからなのは分かりきったこと。

妻 この情報化の時代、皇族方がネットもスマホも使われないとは考えられないし。

夫 もしかすると、皇族方こそ我々一般人の生活に憧れておられるかもしれない。自分の意思で大学や職業を選び、自分の収入での生活。我々には負担でしかない通勤ラッシュも自立した生活の一部分。たまには気の合う友人とハメを外したり旅行を楽しんだりと。

岬 確かにね、自由意思で決められることってどれ位あるんだろう？恋愛が一番難しいだろうけど。

夫 自民党が皇室典範まで踏み込むかは分からないけど、とりあえず現行の皇室典範は目を通してみるといいよ。天皇や皇族の規定はあるけど、天皇や皇族方が自主的に行えることは何も記されていないから（後述参照）。

妻 これに憲法の条文を加えれば真に「手カセ」「足カセ」。韓国の前の大統領や議長の暴言なんかにも天皇は黙って耐えなければならない？こんなストレスの掛かる生活を強いていながら「男系男子」だとか「女性天皇はダメ」とか。

夫 言ったように僕もそれが良いとは思う。でもね、そうは言っても結婚相手が見つからなかったら何も始まらないだろう？お嫁さんが来てくれないことには皇位継承そのものが危ういのに。だからこそ政治的なご負担は減らすべきだと。現在のままでは余りにも政治に振り回されると思うし、自国を貶める教育が続いている中で皇族になるのを希望される女性が居られるかどうか？お妃候補がなかなか決まらないのは精神的な負担が大き過ぎるからで、皇太子時代の浩宮様にはそうした問題があったのかもしれない、とね。

妻　今上陛下の時は遅かったもんね。ご結婚が遅くなれば子供が少なくなるのは止むを得ないし。私達は勝手にどうのこうのと言ってるだけで、皇族方には悩みが何もないと考えるのは余りにも失礼。

岬　先帝陛下は「生前退位」表明後（平成二八）の記者会見で「象徴としては道半ば…」って仰ってたけど、大変なお役目なんだなぁって思った。

妻　国民も天皇や皇族方に清廉な一生を求めているくせに、その御負担を軽減することは考えないんだから。

岬　だからこそ普遍性のある理念を掲げた憲法に改正し、大統領制を採用して政治的な役割からは解放して差し上げた方が良いと。

夫　大体、どこまで本当か分からないけど、ネットや週刊誌などで皇室批判の話題が出ること自体正常な状態とは言えないだろう？もう限界だと思うけど。

妻　確かにね。法律があるから護られている側面は否定出来ないけど、でも皇族方のご希望などが国民に伝わりにくい体制はやっぱりヘン。戦前はどうだったの？

夫　詳しくは知らないけど、当時は憲法とは別の法体系で、各々が独立。政府や議会が皇室典範に手を加えることは出来なかったし、またその逆も同様。これはある意味当然だろうと。明治の国家体制は天皇が国の基、柱の役割。憲法の第一条には「大日本帝国は天皇が統治する」とあり、憲法の前文や教育勅語にも明記されているようにそれを前提として整えられた体制。議会が皇室典範に手を加えるようなことがあれば国家体制自体が揺らぎかねない。国家観も発達してなかった時代だから。

　典範の内容は「皇族自律主義」を原則としていたようで、第三五条には「皇族ハ天皇之ヲ監督ス」とある。また幼帝の傅育（世話して育てること）や皇族への訴訟、それに品位を辱める行為などがあった場合の懲戒といった事柄まで規定されていた。甚だしい場合は「皇族特権の一部か全部を剥奪」と（第五二条）。この点は明治四〇年に増補された条文で更に厳しくなり、特権を剥奪された皇族は「臣籍ニ降スコトアルベシ」と。

岬 「自律主義」、つまり「自らの規範に沿って」ということか。天皇が皇族の長のような感じだったんだね。皇室会議とかは？

夫 当時は「皇族会議」と称し、成年以上の皇族男子で組織。他に内大臣、枢密院議長、宮内大臣、司法大臣、大審院（現在の最高裁）長が参列し、枢密顧問の諮詢を経て決定されることになっていた（第五六条）。これは今と余り変わらない。但し議会の協賛は不要。

岬 じゃあ、当時は皇族方が主体となって決められていたのね？

夫 無論政府要人の賛意は必要だったけど、ある程度はそうだと思う。天皇自ら議長となるのが普通で、不可能な場合は皇族一人を選出。皇室典範の改正も皇族会議で行うことになっていたし（第六二条）、「懲戒」の場合は天皇の勅旨（天皇の意）によって行われることに。尤も、当時の憲法も併せて考えれば、それだけ天皇の責任は重かったとも言える。

岬 今は皇室会議の議長は総理大臣で、議長が皇室会議を招集すると。なんか昔の方が自然な感じ。

夫 宮家も多かったから単純に今日との比較はしずらいけど（戦後皇族離脱された宮家は十一、五十一名）。明治時代までは側室も存在したし。

現行の皇室典範は昭和二二年（一九四七）日本国憲法と同日に施行されたが、当時はまだ戦後の混乱期で皇族の範囲も曖昧なほど拙速に作られたようで、昭和天皇の弟宮三笠宮崇仁親王は

「新典範には、『皇族男子の婚姻は皇室会議の議を経ることを要す』とあるが、それは皇族の人権を認めないか、少なくとも軽視したものだ」と不満を述べ、

「天皇の退位を認める条項も加えるべきだ」

とも言及されたという（河原敏明著『昭和天皇とっておきの話』文春文庫）。

戦前の皇室典範に「退位」の項目があった訳ではないけど、皇族方にも不満があるほど拙速に作られたものであることは知っててもいいかなと。少なくとも天皇に関しては戦前より厳しくなっていることは分かるだろう？

妻 確かに。憲法上も戦前は質問されたり意見を述べたりもできたけど、現在では「天皇は法律や政策といった政治的な

事柄に疑念を挟むことすら許されない」し、後継者問題でもそのご懸念やご希望の表明すら難しい。無論侍従長や宮内庁長官に伝えることは出来るだろうけど、生前退位のご希望を表明されるだけでもあれだけの騒ぎ。此の現在の皇室典範、もしかすると米軍の意向があった？

夫　そういう記述は読んだ事ないけど、可能性はあるかなと。言ったように憲法とも併せれば天皇が身動きできないような内容に終始しているのは確かだから。

岬　そういう規定でありながら、天皇は象徴という立場を自問自答しながら務めを果たさなければならない。憲法にそう規定しているんだもんね。

妻　やっぱり憲法を改正するなら「天皇の位置づけ」という点から考え直すべきね。原理、原則は必要だけど、それも天皇家の伝統に基づいたものなんだから。一番大事なのは「どうすれば安定的な皇位継承が図れるか…」じゃない？

天皇家が存在するということ

夫　「どうすれば安定的な皇位継承が…」。つまり我が家では天皇家はずっと続いて行ってもらいたいと思っている訳だけど、それにはまず我々が天皇が日本に存在することの意義についての考えを纏めておかないと。批判的な意見が多くなると皇室不要論者が活気付くだけだから。

岬　天皇が存在するということについても少しは話したね。特に幕末から明治への大転換期に天皇の存在が如何に大きかったかと。天皇の存在が無かったら、武家のリーダーが決まるまで内戦が続いていたのは間違いない。幕府は仏、薩長は英国が支援していたし、薩長が官軍となった後でも戦いや反乱は続いたんだから。

夫　ペリーが来航して強引に開国させられたのは一八五三年。以後一八六八年の明治維新まで幕末の動乱期が続くが、米国は一八六一～六五年の南北戦争の影響で日本に関与する余裕は無かったという。明治の制度改革はその間隙を縫って成し遂げられたもの。

妻　真に「天祐」と言うべきで、もし天皇という政治的権威者が居られず内戦が長引いていたら、国内はもっと疲弊し日本は分断されていた可能性だって否定できない。

夫　会津藩には酷い仕打ちだったけど、敵味方に分かれて戦った者達が何とか纏まれたんだからね。それだけでも天皇の存在の大きさは分かると思うが、実は戦後の日本人にとっても昭和天皇の存在は大きかった。

考えて欲しいけど、日本は戦争に敗けた。原子爆弾を投下されてね。そのショックは大きかったはず。そうした中で戦後の政治体制は米国の意図によって作られた。天皇は「国の統治者で元首」から「国の象徴」に変わり、その地位は「国民の総意に基づく」と。無論占領下でも日本政府は存在していたけど、それは独立国家としての機能を保持していた訳ではない。そうした中で憲法や皇室典範の改正、軍部や内務省、財閥などの解体。国家神道の廃止、教育改革（教育勅語や修身の廃止）、公職追放、選挙権拡大（婦人参政権）、農地解放など様々な改革が進められたが、天皇が存在していなかったらどれだけの混乱を来していたか？

妻　確かに、戦前も戦後も、天皇は天皇として存在していた。もし居られなかったら、敗戦の精神的ダメージから脱却するのは容易ではなかったと思うし、軍部や戦争指導者達への責任追及などで国内は大混乱していた可能性は高い。

どんなに制度が変わっても、不動の存在として天皇が居られるというのは大きいのよ。

岬　そういう意味でも米国が昭和天皇を戦争犯罪人として扱わなかったのは正しかった？

夫　ジョセフ・グルーやライシャワーさん達知日派のお陰だけど、陸軍に対して常に批判的だった天皇をそのように扱っていたら日本は治まらず、米国への憎悪は今日でも続いていただろう。実際当時の憲法では政治の実権は天皇には無く（立憲君主）、重臣達が天皇の名に於いて行うという、実に日本的な仕組み。他の国の人には分かりにくいだろうけど。

岬　もし天皇という存在そのものが無かったら、軍部への抑えが効かなかったろうから日本民族が存続していたかどうか？

夫　それだけ米国の占領政策は老獪だったとも言えるが、国民の敗戦のショックを昭和天皇がかなりの部分で受け止めて下さったと思う。混乱期であればあるほど天皇の存在は国の安定に大きく関係してくるんだよ。

妻　そうねェ、私達の国民の安心感が違うのよ。どんな変革期でも、ずーっと昔から不変の存在として続いている天皇家。

その伝統の重みが。天皇家は存在し続けているだけでも十分に国の安定に寄与していると思う。

岬　こうしたことは私たち国民がしっかりと認識しないとね。無論反対する人達も居るけど、それなら「憲法は改正すべきだ」と言わないから不思議。少なくとも皇室の存続を希むなら、その存在意義を今一度認識し直すべき。

妻　巷説では約二千七百年、歴史的に遡れると言われる第二六代の継体天皇からでも千五百年以上。これだけ長く続いているということはそれなりの存在意義があるからでしょう。武家政権下でも、権力者は変わっても天皇は何時の時代でも存在していたんだから。

そういう意味では自民案の前文の始まりの部分は天皇という存在をよく表しているのは確か。

「日本国は、長い歴史と固有の文化を持ち、国民統合の象徴である天皇を戴く国家であって…」

夫　これまでの歴史を考えればね。だが戦後のこの体制の下で、権力を行使した軍人達や軍部に積極的に加担した政治家達も皆天皇の陰に隠れてしまったことは知っておくべき。人名を挙げるのはあまり好まないが、細菌兵器を研究していたとされる七三一部隊の軍医石井四郎、ノモンハン事変を起こした参謀将校の辻正信とか。

妻　満州事変や秩父宮殿下擁立を画策した二・二六事件なんかもね。でも七三一部隊については異論もあるんじゃない？

夫　だがこの二人は米軍の占領下で逃げ回っていた。何故なのか？やましいことが無ければその必要はないし、また軍上層部の命令で行っていたのなら「誰々の命令で」と証言すれば良いだけのこと。従って、全否定はし難いかな？と。

妻　そうか。他にもそうした軍人は居たはずだけど、そういう事柄でも天皇という立場では公言できないものね。ホントに御苦労ばかりで。

岬　「だからこそ今度は…」ということだよね。

夫　そう。それに当時の米国はそれまでの日本を徹底して解体しようとした訳だけど、朝鮮戦争後占領軍が中国のスパイ網の監視を強化したように中国の対日工作も当時からのもの。抑留されたり捕虜拘束時に共産主義の洗脳を受けた者も居り、今日ではかなり広範囲に浸透して来ているのは分かるだろう？

妻　二〇〇四年には上海の日本総領事館職員が「国は裏切れ

ない」と自殺したこともあったね。ハニートラップだったようだけど。

夫　こうした工作が皇室にまで及ぶ可能性はある。皇室の権威性を失墜させる動きは戦後教育の中でも続いて来たんだから。

岬　さっき「税金の無駄遣い！」って言った人の話をしたでしょう? あれは二一年十月の結婚会見が話題になった時。あの会見を好意的に観た人達がどれ位居たか?

夫　このままでは国民の支持が得られなくなる可能性も否定できない。だからこそ、皇室の存続を望むなら、天皇家が存続しているという事の意味合いを国民がしっかりと認識しておかないと。天皇家の存在は日本の国にとってどういう意味を持つのか…。

天皇家が存続しているということは、

「日本が世界で一番長く続いている国であることの証明」に他ならない。

皇族をとりまく環境
深刻な役人の堕落

妻　こういうことから考え直さなければならないのは、日本が如何に危機的な状況かという事よね？

夫　国家公務員の堕落が酷すぎるから。外務省が駄目なのは四〇年近くも前からだけど、あの「近隣諸国に配慮する」とした教科書問題の時、当時の文部官僚は「烈火のごとく怒った」らしい。問題の大きさに気付いていたんだよね。

岬　それが今では、事務方トップの次官が歌舞伎町で「特殊な貧困調査をする」って? まだ高校生だったけど、皆あきれ果てて軽蔑してた。

夫　令和二年（二〇二〇）の教科書検定の時は「従軍慰安婦」が復活し、それまで合格していた『新しい歴史教科書』が一発不合格。検定委員の中には韓国の北朝鮮スパイ名簿に名前のある人物が居たとの記事（同年七月三〇日「アサヒ芸能」）。本人は否定したというが…。二二年の検定では「政府見解」に基づき慰安婦や戦時徴用などの表現が幾らかトーンダウン。ただ、同年九月には教科書会社の「大日本図書」の幹部等が茨城県五霞町の教育長を接待。更に二三年には大阪藤井寺中の選定にも同社の飲食接待が発覚し発行停止処分に。こうした者達が教育を牛耳って来たんだから。

岬　確かに。文科省はラムザイヤー教授の論文発表後も「慰安婦の記述は問題ない」と。

妻　もう「宮内庁もそんな具合…」って考えた方が良いかもね。先に話した宮内庁や皇宮警察の週刊誌の記事。あまりに酷すぎて信じがたいけど、京都護衛署長が二〇一七年知人女性を正規の手続きをせずに赤坂御用地に立ち入らせていた件や、スパイと疑われる外国人その他複数の侵入事件の隠蔽なんかは報道されたから事実でしょう。署長と言えば現場のトップなのに。

夫　皇宮警察というのは警察庁の付属機関の一つ。本部長は警察庁のキャリア（有資格者）が就任するポストらしい。

岬　ホント？安倍さんの暗殺事件の真相を追及しているジャーナリストの山口敬之さんや政治家の青山繁晴さんは妨害や恫喝を受けたらしい。青山さんを恫喝したのは警察庁の高官で「ためになりませんよ」って。議員会館の事務所前で。青山さんは「恫喝する気か！」って怒ったらしいけど。

夫　妨害や恫喝が起きること自体怪しいということ。あれ程の人物なのだから本来は警察庁が主導して特別捜査チームでも編成すべき案件。安倍氏サイドのＳＰ増員要請も聞き入れなかったようだし。

大体、あんな警備は警察はやらないよ。岸田さんの時を見ても分かるだろう？ＳＰ、県警察官、自民県連のスタッフ計二三名。全員が同じ方向を向くなんて。「タイヤのパンク音」とか言ってたけど、駅前のあの整備された通りでパンク？ＳＰは「花火か何か？」と言ったようだけど、全員が同じような判断をしたとでも？だから全員揃ってあの爆発音に暫く反応しなかったとでも？その方が余程難しいだろうに。

手製で銃身の短い散弾銃が使われたのに安倍さん以外に負傷した者は皆無で、最初に治療に当たった医師と司法解剖の結果、弾丸の「射入口」と「射出口」が真逆。おまけに致命傷を与えた弾丸が見つかっていないなど、怪しい点は山ほどある。

岬　二三年二月にようやく『週刊文春』が採り上げ出したけど、当初からビルの高い所から狙撃されたのではないかとの意見は多かったよね？

夫 僕もそう思っているし、奈良県警はそのことは知っていたと思う。場所や人の配置等を考えればね。安倍氏の後ろはガラ空き状態で「ここから狙うように」と言わんばかり。それには丁度良い目立つ真っ赤な小さな踏み箱。予め動きづらいようにしているようだし、安倍氏には無関心で実行犯に近づき、向かいのビル上部に視線を移す複数の人物など当日の映像を使って指摘している人も居るほど。疑念は幾らでも膨らんでくる。

岬 警察の捜査も当初から山上単独犯と決めつけていて、全マスコミも右に倣えだった。

夫 安倍氏の国防構想には触れたが、七月末には台湾訪問の予定。おまけにウクライナ情勢で憲法改正への機運は高まりつつあった。米国の中間選挙は共和党が下院を制しトランプ氏再選の可能性。トランプ氏と安倍氏は国際情勢を分かりあった良いコンビ。安倍・トランプコンビの復活を一番脅威に思うのは誰か？また一番消えて欲しいと思うのは誰か？米国の動向も加味しないと…。

妻 でも仮にそうだとすると、狙撃犯は銃を持ったまま隠れ住んでいるということよね？

夫 狙撃手が複数なら尚更ね。だからこそあらゆる可能性を否定せずに徹底した捜査をすべきだったんだよ。近隣のビルでの硝煙反応とかをね。それをやるだけでも疑念は払拭できたんだから。この時の緊張感を欠いた捜査が岸田さんの事件と無関係かどうか？

此度の政治テロ事件の解明や裁判を一般の殺人事件と同等に扱っていたら、いずれ皇族方を狙った事件が起きる可能性も否定はできない。かつては明治天皇や皇太子時代の昭和天皇の暗殺を企図した事件はあったんだからね。それ位の危険性を孕んでいることは我々も認識しないと。

岬 そういえばあの「愛知トリエンナーレ」の件も。あれ結局文化庁からの補助金は払われたんだよね？

夫 そう。一部減額されたけど、六千六百万円以上が支給された。名古屋市は支払いを拒否して現在係争中。

岬 こんな催し物に私達の税金が使われるなんて。当初「文化庁は何やってんだ！」って思ったけど、本来は宮内庁からクレームを入れるべきだよね。皇室に対する明らかな侮辱行為なんだから。皇族方をお護りする気があるのか疑いたくなるよ。

妻　憲法の規定からしても日本の国家に対する侮辱行為。政府や政治家も抗議すべきなのに、頑張ったのは河村名古屋市長と一部の民間人。おまけに大村知事のリコールにも失敗して。愛知県民の殆どは無関心だったということでしょう?

岬　二〇一二年に発表された自民党の改憲案でも「国家元首」と位置付け、天皇の国事行為は「国民のために行う」となっているんだから、宮内庁が「皇族方への敬意が保たれるような内容を加えて欲しい」と政府に要請すべきでしょうに。

夫　天皇は日本にとって特別な存在なのだという意識があるならね。やらないいんだから「無い」ということ。

岬　それが法に触れるわけでもないでしょうに。ホントに「宮内庁もそんなモノ!」。

夫　司法もおかしくなっているのは分かるよね?理解しがたい判決なんかは以前もあったけど、最も顕著なのは二〇二二年三月の札幌地裁の判決。

参院選の応援演説をする安倍氏に対し「安倍ヤメロ!」とヤジを飛ばした二名が警官に移動させられたが、その行為は「表現の自由の侵害である」と演説への妨害行為を認める判決。常人には理解し難いが、この判決で警察は警備の在り方を練り直しているはず。それをやらないなら警察とは言えない。奈良での事件はこの判決の後。警察を疑いたくなるのは当然だろう?また最近は少年の凶悪犯罪の資料が多くの裁判所で廃棄処分。十五年位前だったか、確か埼玉県で日本人が中国人に殺害されても「不起訴」となり、準わいせつ行為で逮捕された中国人、他人名義の電子決済サービスを不正利用した中国籍の男、女子高生への強制わいせつ行為のネパール人や覚醒剤絡みの外国人まで不起訴。浜松市で信号無視して五人をひき逃げした(一名死亡)中国籍の女は二審で逆転無罪。外国人は逮捕されても実名報道は殆ど無く、不起訴の理由の説明も無し。

岬　ITビジネスアナリストの深田萌絵さん。彼女は半導体会社の経営者だけど、日本の警察、検察には結構泣かされているようで、「日本人が殺されても、強姦されても外国人は不起訴」。「日本の警察は外国人の方を護り、日本人は護ろうとしない。一体この国は!」って。どれだけの日本人が泣き寝入りしているか分からないよ。

妻　以前も「判事」が天皇制に反対する過激派組織「反天連」や他の会合にも参加、発言していたと(二〇一八年三月十三日「産経新聞」)。判事なんだから憲法の天皇に関する規定を知らないはずがないでしょうに！

夫　もしこの人物が「憲法改正反対」の会合に参加したり発言したりするとしたら、もう「頭がおかしい」としか言いようがないだろう？

岬　ホント。法律の専門家が「天皇制には反対だが、憲法改正にも反対だ…」じゃねェ。二一年四月には大阪高裁の裁判官が傍聴人の「日の丸のバッジを外すように命じた」り、十八年五月には大阪地裁堺支部で拉致被害者を取り戻す「ブルーリボンバッジ」も外すよう命じたと(二三年三月一日「産経新聞」)。日本人は国家意識を持ってはダメとでも？婚姻は「両性の合意に基づく」と第二十四条の規定にあるのに同性婚を認める判決が出たり。

夫　今回の事件で注視しておくべきなのは山上の今後。どういう判決が下るか分からないけど、仮に刑の執行後でも釈放される様なことがあれば命を狙われる危険性も。一番厄介なのは収監中や服役中の「自殺」。こうしたことが起きれば、**「口封じのため」**と警察組織に対する国民の疑念は決定的となるだろう。

京都へお還りになられたほうが？

妻　政治家だけでなく、役人の堕落は深刻ね。皇族方を御護りする立場の者がこの体たらくでは御気の毒を通り越して不安にもなる。

夫　もう二〇年以上も前なんだけど、日本の将来を案じる知人が居てね。真面目な人だよ。その人が「創価学会は国家公務員に沢山人を送り込んでいる」と言っていた。本当だとすると今は殆どが管理職かなァと。

岬　あゝソレね、「CH桜北海道」の小野寺まさるさんも言ってた。元道議会議員で、北海道が中国資本に買い占められている実情を現地での取材も交えて発信している人だけど、「キャリア組にも居る」って。出身校を見れば分かるかも。

夫　先に話した公明党の動きからでも創価学会の親中姿勢が一貫しているのは分かるよね？無論、信教の自由は誰もが認められている権利。それを云々するつもりは無い。我々にも信仰心はあるから。しかし皇族方の周りにそういう人物が増え続けたらどうか？仏教団体の中には仏が主であり、神は所従(従者の意)と説いている所もあるようだ。この団体がどうかは分からないけど、もし仮にそうした観念が根底にあるとしたら、皇族方への敬意を持ち続けられるどうか？

妻　国家公務員というのがねェ。反日、反皇室感情を持っていても試験に合格すれば国家公務員にはなれるんだから。

夫　本来は安倍さんの事件を機に徹底して曝け出して行くべきなんだけどね。信教の自由の関係上難しいだろうけど。政治家に限らず官僚や役人、警察官の中に信者が居ても不思議ではない。僕はね、最近「天皇家は京都にお還りになられた方が良いかもしれない」と思ったりもする。

岬　そういえば即位の礼の高御座などの機材は京都から運ばれたんだったね。

夫　旧皇室典範ではね、即位の礼と大嘗祭（即位の年に行われる新嘗祭）は京都で行うように規定してあって（第十一条）、昭和天皇までは京都で即位されている。尤もこの規定は、東京遷都後明治天皇が京都へお帰りになった際、御所周辺が荒れ果ててしまっていたため修復を命じられ、同時にこの規定も設けられたらしい。

妻　この二つの祭祀は一生に一度のこと。やはり京都は天皇家にとって特別なのよ。

夫　僕が「祭祀を中心とした生活」というのはね、それが天皇の本来のお姿だと思うから。国家、国民の安寧を、古来からの祭禮様式を護りながら祈念され続けてきた特別な家柄。それが唯一無二の存在の証。

さっき今上陛下の話をしたよね。即位後の陛下は「変わられた」と。もしかすると「祭祀を始められたからかも…」。

祭祀を行われる時は皇祖皇宗の神々を意識されるだろう？それが普通だと思うけど、当然昭和天皇や明治天皇へも思いを巡らされるのではないか。皇統を意識するということ、それは天皇にとって最も大切な事だろうとね。

妻　それで肚が座った？失礼と言われるかも知れないけど、でも何だか貫禄がついたというか、堂々とした感じにはなられたのは確かよね？

岬　即位の礼の時、あの荒天でも晴れ間が出て「虹が架かった」って。また二二年十月の沖縄訪問でも天皇が訪問された地域だけは晴れ間が出て「虹が架かった」と。やはり天皇という存在は特別なんだと改めて思ったよ。

夫　僕はね、天皇家は国の行政機関の一部ではなく、古来よりの祭祀を受継いで国家国民の安寧を祈念される特別な家柄として認めるべきだと思う。

無論国で予算を計上するんだけど、それは「古来よりの祭祀の継承を目的として」ということで良いのではないかと。

岬 戦前はどうだったの？

夫 皇族方の規定は憲法とは別の法体系だったと言ったように、財政面でも同じ。国からの予算は毎年四五〇万円。これはずーっと変わらない。もし不足が生じたときは皇室財産である御料林（木材）などを処分し充当。他にも有価証券や現金等を宮内大臣が運用して利益を確保していたらしい。この皇室財産は憲法発布に際し伊藤博文など重臣達が整えたようで、戦後占領軍によって国庫へ帰属。今の皇居も京都御所も国所有の施設。経済基盤を失った皇族方は生活できなくなり皇族を離脱となった。

岬 ということは、戦前はある程度は独立採算的な感じだったんだね。

夫 昭和天皇が贅沢は好まれなかったというのが分かるだろう？この皇室財産をもう一度云々するのは困難だろうから、今のように国で予算を計上した方が良いだろうと。

妻 それは良いんじゃない。「国家元首」から「象徴」に変わられても天皇は天皇なのよ。

国民が天皇家に特別な敬意を抱く第一の理由も、古来からの伝統に基づき継承してこられた宗教性にあるのは間違いないと思うから。

岬 仮に特別な家柄と認められたとして？

夫 そうすれば、職員は日本古来の神道への理解と、皇室への敬意や祭祀の重要性を認識した人を採用することができるだろう？日本には国学院や皇學館という神道系の大学はあるんだから。そうした意識を持った職員にサポートされながらの生活の方が皇族方にとっては良いと思う。

岬 良いというより本来そうあるべきだよね。だから京都？

夫 政治的な役割を終え、祭祀を中心とした生活に戻られたという大きなメッセージにもなる。それに京都なら名門、旧家と言われる家柄が残されていると思うし、古くからの伝統を護りながら生活しておられる方々と一緒に育つ環境があるように思う。

妻 以前ネットだか週刊誌の記事だったかはっきりとは覚えてないけど、「皇族方には何でも話し合える親しい友達ができない」というような見出しがあって。今回の眞子さまの件でも、小さい頃から一緒に育った親しい友人が居たら「良い相談相手になってくれたのではないか…」と。京都は千年の都。日本人の美意識を集約したような街だし、皇室と縁の深い神社仏閣もあり、代々受け継いで来られた人達も居られるように思う。環境って大事だよね。

岬　京都は日本文化の原点みたいな所だからそれが理想と言えばそうだけど、篠原常一郎さんの話だと京都は旧家が多い分寺社関係者の影響力が強く、特殊で閉鎖的。今はかなり気になる動きがあるみたいで、楽観視は出来ないと思う。

ところで政治的なことは皆無とするわけ？

夫　否、国で予算を計上する以上公務は必要で、伝統的な政治的権威性は残すべき。その前にまず天皇の位置づけである第一条について。さっき言ったように自民案の前文の出だしの部分を参考にして

「天皇は、日本国の長い歴史と主要な固有文化の象徴的な存在であり、その地位は主権の存する日本国民の総意に基づく」

妻　和歌とか舞踊とか天皇家や公家社会から広まった文化は沢山あるし、神話の時代にまで遡れる「新嘗祭」は重要な宮中祭祀の一つ。日本では農耕と神事が結びつき、その年に収穫された穀物を神々に捧げ、その実りに感謝する祭禮。こうした食（稲作・農業）に関する祭禮が残されて来たからこそ、食材にも作り手にも感謝する食文化が継承されているのだろうし、またそれは勤勉を美徳とする民族性に繋がっているように思う。

夫　そして必要なら第二項を設けて

２「天皇及び皇族に対しては、国民は等しく節度を持って接しなければならない」

こういう感じで。「敬意」としないのは根拠のある批判もできないのは反ってよくないと思うから。

妻　そういうと反対派が「天皇家だけ特別なのか？」と言うだろうけど…。

岬　天皇家は特別だよ。諸々の事柄に対して皇族方は反論できないんだから。一般国民の権利は皇族方には保障されていない。名誉棄損で訴えられるような事柄でも、言論や表現の自由も。どの項目に入れるにせよ、それはあった方が良い。

夫　第六条の「天皇の国事行為等」の第一項はこのままで。大統領は直接選挙だし、最高裁の裁判官も国民審査を受けるわけだから。

「国民の指名に基づき大統領を任命する」と「内閣の指名に基づき最高裁判所の長たる裁判官を任命する」。
2の「天皇の国事行為」だけど、これは十項目あって。その第十番目に「儀式を行うこと」がある。こういう所にも明治以降の「政治的な天皇に…」の名残があるように思えるが、この儀式の項目は一番目に掲げるべきで、二番目には「憲法改正の公布」のみ、三番目に「国会を召集すること」、四番目に「文化功労者への栄典を授与すること」。これ位で。条文の細かい部分は省き、変更すべきと思う点のみ。

妻　「栄典」は文化功労者に限るのね?

夫　そう。僕は政治家や官僚には勲章は要らないと思っている。先に話した外務官僚の栗山尚一氏にも勲章が授与。氏は「二〇世紀前半の日本の政策は一貫して間違っていた」というのが持論だったらしい。

妻　日露戦争に挙国体制で臨んでロシアの極東支配を跳ね返したこと。日露戦争後に不平等条約改正に成功して関税自主権を完全に回復したこと。第一次大戦時のシベリア出兵でポーランド孤児七六五人を救出したこと。国際連盟で人種差別撤廃を初めて主張したこと。ナチスドイツの迫害から逃れてきたユダヤ難民一万人以上を満州ルートで脱出させたこと。東南アジア各地で軍隊を発足させて訓練し、各国は独立を勝ち取って植民地主義の時代を終わらせ人種差別の壁を低減させたことなども間違い?何とご立派な!

夫　慣例かどうかは知らないけど、釈然としないだろう?必要なら大統領が授与する事にすれば良いと思う。

岬　基本は国民全体に関わることと文化的なことに限定するという事ね。今回も立て続けに大臣が更迭されたけど、閣僚の認証まで天皇を煩わせる必要はないね。元々総理大臣が選んでいるんだから。

他は無し?

夫　否、国事行為としての認証は行わないということ。法律や外交文書などは目を通しておく必要があるので、政府からの報告という事で従来通りの書類を確認、署名、押印後政府で保管。日時が遅れるのは問題なし。
こういう状況だから述べておくけど、日本がもし軍事行動に移らざるを得ない場合も、天皇へ緊急に使者を派遣してご報告。
それに英国のエリザベス女王の葬儀の時知ったけど、女王は二か月に一度くらい首相から政治情勢について詳しい報告を受けておられたらしい。天皇もそうした報告を受けられるようにすれば良いのにと。

そして皇室典範は戦前の「皇族自律主義」の精神を復活させ、皇族としての自覚を促す内容は加えた方が良いと思う。先に述べた「皇族の監督」「皇族会議の議長」「皇族への懲戒」などはあった方が自然だから。

岬 それは大事。現在京都には三笠宮彬子様がお住まいで、日本の伝統文化の継承を目的とした「心游舎」という団体の総裁。京都では「双京構想」というまるで首都を二つにするかのような声も上がっているらしい。京都の活性化のために彬子様を利用しようとしているのではないかと。

文化庁が京都へ移転されたけど、平成元年（一九八九）国に寄贈された昭和天皇の遺品も含む約九千八百点の美術品が収められた三の丸尚蔵館も宮内庁から文化庁に移管。これまで国宝指定の美術品の行方不明の事例もあり、篠原さんは、メトロポリタン美術館があるニューヨークにお住まいの方も居られることで文化財の海外流出までも懸念。京都は日本分断を狙う左派系が強い街。もしかすると皇族方への浸透工作は始まっているかも。「皇族の監督や懲戒」の規定は絶体に必要だと思う。

夫 それなら尚更だね。世間ずれしていない方が多いだろうし。職員の忠告を聞き入れて下さらない場合は天皇にお願いするしかないから、天皇の権限として明記しないと。

ただ、「双京構想」自体は僕は反対ではない。前に「道州制にした方がいい」と言ったけど、本音は「地方分権を徹底すべきだ」ということ。地方に人が残るような仕組みに変えないと地方の活性化は不可能だと思う。

文化庁の京都移転は地方分権の一環だし、千年の都の京都を日本文化の中心地という位置づけにするのは日本人にとって違和感は無いだろう。言ったように皇室自体が日本文化の象徴的な存在でもあるし。それだけに皇室の文化財の管理は厳重にやるべきだし、反日勢力からお護りするよう職員にしっかりしてもらわないと。

岬 皇位継承に関してはね、参院議員の青山さんはじめ「日本の尊厳と国益を護る会」の人達が二〇一九年十月、当時の安倍首相に「旧皇族の皇籍復帰や養子縁組が可能になるような法改正を」との提言書を提出。方向性は出来るかもよ。

夫　天皇に関してはかなり長くなったけど、それだけ日本人に取っては大きな問題。

「天皇は政治的な軋轢の場に置かないこと」。これが絶対原則だと思う。だからこそ今日まで存続してこれたのだろうと。天皇と政府の関係から言うと、幕藩体制下の朝廷と幕府の距離感くらいかな。

但し近代は別だよ。近代は天皇に国の柱としての役割を負って戴かないと国家体制そのものが整えられなかった。度々話したように迫りくる列強の軍事的圧力の一方で、民衆には国家、国民といった概念も未発達だったんだから。

妻　つまり藩を生活単位とする時代から、日本国を生活単位とする時代の発達過程においては、天皇家の役割は必要だった。将軍家でもその役は担えなかったんだからね。時代に対処しようとして整えたのが当時の国家体制であって、その時代の全責任が天皇家にあるはずもない。国家としてまだまだ未熟だった時代なら天皇の御裁可で政策に権威性を持たせる必要があったかも知れないけど、もう二一世紀なんだから…。

軍隊が崩壊したらその国は終わり

岬　安倍さんは「戦後レジュームからの脱却」と主張していたけど、第二次大戦後に確立された世界秩序の体制から脱却すべきだと本気で考えていたんだよね。『戦後七十年談話』で日本の過去への反省と共に、「日露戦争でアジア、アフリカの有色人社会を勇気づけたこと」「二十世紀の欧米による植民地支配」「世界恐慌」「世界経済のブロック化」など日本が国際社会から孤立の道を選んだ経緯などにも触れ、更なる謝罪の談話は必要ないようにしてくれた。それには当然「日本も憲法を変えなければ…」って。このアジア・太平洋での「積極的平和主義」の構想は前に話した時は気付いてた？

夫　以前話したのはその談話の一年後。だから「安倍内閣への進言」のつもり。「素人家族が生意気な…」と思われても別に良いかなと。天皇の位置付けとか大統領制の方が良いというのは三〇年位前から考えていた事だから。

岬　安倍さん後の相応しい人は居ないけど、それでも大統領制は目指した方が良い？

夫　僕が大統領制にした方が良いと思うのは、話したようにそれが昭和天皇の御苦労に報いることになると思ったのが第一。それが発想の元なんだけど、他にも「国民の政治意識も高まるのではないか」と思ったから。大統領制の場合国民が直接指導者を選ぶ訳だから。

戦後の日本人の一番ダメなところは、自国の近代、つまり我々にとっては両親や祖父母の生きた時代を「天皇制の時代」と片付けてきたこと。

軍部独走の要因には憲法上の不備もあったという認識すら持っていない。もしあるなら憲法にはもっと意識が向けられるはず。

白人至上主義の時代に近代化を目指した日本。それが如何に困難で不合理な問題に直面したか？そうした問題点も探ろうともせず、天皇の陰に隠れてばかりでは政治的に成長するはずもない。その体質を変えるにも大統領制の方が良いのではないかと。

妻　でも安倍さん亡き今日では大統領制なんて夢のまた夢よ。

夫　確かにね。ただ改正案の第十章第百条の憲法改正の規定では、過半数での改正となっている（後述参照）。先ずは天皇の位置付けと喫緊の九条の改正が先行しても良いかなと。憲法とは言っても時代に適さなくなれば変える必要があるのだから、改正案通り過半数が妥当。それに希望的な観測だけど、「天皇の位置付けも含む」となれば反対勢力も参加せざるを得ないのではないかと。

岬　議論に参加して意見を述べなかった者に難癖付ける資格はないよね？他には？

夫　ネットで簡単な説明文を確認した程度だから参考になるとは言えないけど…。

仮に米国型だと、大統領は政策を支持した国民に対して責任を負い、そして犯罪の嫌疑により弾劾が成立しない限り四年の任期を全うする。外交・軍事面に関しては議会の制約をそれほど受けないとされ、議会へ出席するのも「年頭教書演説」と「予算教書演説」くらい（政府職員も議会に出席する権限は無い）。行政権は大統領個人に属しており、大統領令という行政立法権や法案の拒否権、そして非常事態宣言や戒厳令などの非常権限を持つ。

一方で議会への権限はそれ程は強くない。議会の解散権は無く、予算・法案の提出権もなし。大統領が議会に直接働きかけることは出来ないので、その場合は党の有力者を介して行われるようだ。

議会は条約の批准権、高官人事の承認権、国政調査権、弾劾・罷免権などを持つ。

岬 行政権に関しては大統領の権限は強いけど、議会に対してはそうでもないんだね？

夫 議院内閣制の場合は国民選出の議員の中から代表を選出するので、立法と行政の関係は比較的円滑に処理できるとされる。その一方、議会で選出された行政の長である内閣総理大臣は議会に対して責任を負わなければならない。

妻 だから国会中継を見ててもイヤになるほど下らない質問でも答弁しなければならないのよね。国民にとって重要な問題はさておき、嫌がらせや揚げ足取りのオンパレード。議会を空転させ、重要法案の審議を遅らせるのが目的としか思えない場合が殆ど。結果国民から見放されていくばかり。

夫 でも、立法（議会）と行政が独立した米国型の大統領制がうまく機能しているのは米国のみともいわれる。それくらい政治制度に優劣をつけるのは難しいと。

ただ僕が思うのは、現今の国際情勢の中、行政の長である総理大臣があんなに議会に釘付けになっていたら各国との関係構築に支障を来すのではないかと。殊にアジア情勢は深刻で、いつ日本が軍事侵攻されるか分からないほど切迫している。その点で考えれば大統領制の方が機能的だろうとは思う。

妻 確かに、今のように国際情勢が目まぐるしく変化している時にはある程度の役割分担が出来た方がね。中間選挙があるとして、議会の協力が得られない場合は対抗馬を立てて再度国民の審判を仰ぐことも出来るし。

夫 それに、現在の日本は余りにも多くの問題を抱え過ぎているから、国民の直接的で強力な支持を背景にしないと諸問題をクリア出来ないんじゃないか？とも。

岬 今は政府も国防体制を拡充しているからいいタイミングではあるけど…。米国型を目指すとすると、大統領は外交と軍事に関しては議会の制約をそれほど受けないということだよね？無論、開戦となると議会の承認は必要だろうけど。

夫 外交と軍事は表裏一体なんだよ。それが絶対的な基本。軍事大国に対して丸腰での交渉なんて出来るはずがない。武装した兵達に銃口を向けられながら交渉するのと同じなんだから。

ずっと前からだけど、中国の軍人が米軍の関係者と会うと

「核戦争するか⁉」と恫喝するらしい。これが国際政治の実情。
「九条は世界遺産」と発言する人がまだ居るようだけど、戦後の洗脳教育で日本人の国防に対する考え方は実に奇妙なものに…。
もし自宅が空き巣に入られたら、戸締りをしっかりして、警察の巡回を増やして欲しいと要請するだろう。それが普通だと思うけど、こと国防に関しては「専守防衛」だの「反撃能力は駄目だ」などと。唯一の被爆国で、日本の核報復の権利は米国も認めているのに、「核保有などとんでもない」と。空き巣被害に遭っても「戸締りなんてしないで、そのままにしておいた方が良い」と言う人がどれ位居る？

岬　日本ではもし戦争になったら「国のために戦う」という人がたったの十三％。調査した七七ケ国中でも最低だと。有本香さんが言ってたよ。「戦争に負けたら、死ぬより辛い辱めを受けるかもしれない。それ位の覚悟は持たないと」って。

夫　占領下での米軍の不法行為に関しては、日本は捜査権も逮捕権も持っていなかったから資料となるものは残されていないが、昔読んだ本に米兵に殺害されたりレイプされた被害者は約一万人に上ると。かつて満州や朝鮮その他の地域でも強姦、殺害された女性は大勢いたし、精神を病んだ人達も。
戦時中戦車隊に属していた作家の故司馬遼太郎氏は、「ソ連軍は機関車の前に全裸にした日本人女性を縛り付けて侵攻してきた。あれは何を意味していたんだろう」って。
それを読んだ時「何を呑気なことを…」と思った。彼らにとって戦争とはそういうモノなのだ。略奪、暴行、拷問、殺害。ロシア兵の体質は一九〇〇年の義和団事変の時と何ら変わらない。福岡県筑紫野市の二日市には引き揚げの際妊娠した被害女性達のための療養所があったほどなんだから。

妻　樺太では電話交換手の若い女性達が集団自決したし。

岬　ウクライナの若い女性が同じようなことをネット配信してた。裸の女性の死体が積み上げられている写真を見たと。中には四歳位の幼女も。ヘルソン州では遺体を焼く専用車両も用意していたと（二三年一月十九日「産経新聞」）。

夫　子供達も含めて強制移住させられているのは地上波でも取り上げていると思う。やってることは昔と何ら変わらない。プーチン氏は戦争犯罪人として逮捕状が出されたけど、これは民族性だろう。

岬　青山さんは言ってたね。日本が中国に占領されたら「妊娠可能な女性は全員避妊手術させられます。これは断言できる」って。実際ウイグル地区で起きていることで、「民族抹殺が目的だから」と。

夫　チベットで殺害されたのは数百万人とも。資料が無いので把握も出来ないらしい。ソ連はじめ戦勝国の蛮行には全く触れない戦後の教育だが、日本が軍事侵攻された場合住民保護に対処するのは各自治体であって、自衛隊ではない。人員不足でそれどころではないんだから。

岬　沖縄の離島でようやく有事の際の避難訓練が始まったね。与那国島では台湾軍の演習の砲撃音が聞こえてくると。事態が切迫しているのは確かだから。

夫　退役した自衛隊関係者が以前から進言していたらしい。政府も県も動かないから住民の疎開先の確保と、大型船が接岸できる港も無いので小型船での避難訓練の実施も促していた。その時になってからでは遅いから。鹿児島県の屋久島でも同様の避難訓練があり、二三年三月ようやく石垣島にミサイル部隊が開設。

妻　国民保護法に基づく二二年の有事訓練は前年比一・七倍の三〇府県が実施。尤もこれは住民不参加で武力侵攻に対して実効性が乏しいとの指摘がある。東京では有事の際の緊急避難場所を地下鉄などを中心に確保の予定とか。但し、一人当たり一平米未満だからね。

他の大都市でもこれに倣うかどうか？日本の場合は政府の危機感自体が希薄なんだから。国民が一番困ることなのに。自宅にシェルターなどの地下施設を持っている人って皆無に近いんじゃない？有事の場合の住民の保護は各自治体に委ねられることも周知徹底されていないような感じだし。イザという時子供達をどうやって避難させるんだろう？

夫　その退役した人の話では、オバマ大統領の時に中国と太平洋を分割する話が付いていたらしい。中国の南シナ海の軍事基地化はそうしたことの証だと思うけど、だとすると中国は日本を手中に治めるのに躊躇しないし、安倍さんはこの両者にとって邪魔だったという事にもなる。

岬　そうか！エマニュエル駐日大使も怪しいしね。沖縄嘉手納基地の米空軍はＦ－15戦闘機の老朽化を理由に二二年十一月より段階的撤退し、以後はＦ－22のローテーション配備に変更。海兵隊も再編され駐留兵員は削減。元空将の織田邦夫氏は「撤退ということは軍関係者の家族も居なくなるということだから、沖縄のプレゼンスの低下に繋がる。防衛に無知な外務省が決めたんだろうけど、今からでも交渉し直すべきだ」って。やはりミサイルなどの攻撃に対処するため？

夫　これまで沖縄、南西諸島方面の防衛体制は脆弱で、しかも補給拠点も無し。日本は島国だから当然海岸線も長い。そうした地形ながら一九九九年の対人地雷全面禁止条約（オタワ条約）に加盟。「海岸線の長い日本を少ない人員でどう護るか」という視点を欠いたまま来ているのが実情。これでは自衛隊員が気の毒だよね。

岬　国防ジャーナリストの小笠原理恵さんによると、実弾訓練もそれほど出来ないようで、雨漏りする施設すらあると。隊員の食事も体力維持が疑わしい程粗末で、旧式で老朽化した官舎住まい。それで何かあれば「出動要請なんだから」って（「あさ8ニュース」）。

夫　食事で処分された隊員も居たね。

　米国は政府に防衛費を数倍増やすよう要求したらしい。政府も今後十年間で長距離ミサイルを千五百基規模確保の予定。十年間では遅いよね。台湾総統選挙が二四年一月、九月には岸田首相の任期が切れ、十一月には米大統領選挙。早急にやらないと。

妻　国を護るのも私達国民の責任。ウクライナを支援する国が多いのは国民が国を護るという強固な意志を持っているから。国を護ろうともしない民族を援ける国は無いと思わないと。同盟国とは言え米国がどこまで当てにできるかは分からない。トランプさんも軍事面では内向きだし。

夫　中国の習体制が三期目に入り米中衝突の可能性が日に日に高まっているというのに。中国が対米圧力を加えるにも日本列島を抑えなければ無理で、日本を何方が抑えるかで太平洋の覇権は決まる。そういう戦略的な位置にあるのが日本列島。

　自由、人権、民主主義を護るのか、共産中国に支配され香港、ウイグル、チベットと同じ運命を辿るのか。もう今はチベットや東トルキスタンという独立した国や地域は存在しない。それが中国の侵攻を止められなかった国際社会の現実。

軍隊が崩壊したらその国は終わりなのだ。

日本国中に蔓延する中国の侵略

岬 「軍隊が崩壊したらその国は終わり」。それを考えると呆然とする…。

この前の参院選でも自民党は中国人の女性を秘書に雇い、その給与を中国人の会社経営者に支払わせ「政治資金規正法違反の疑いがある」と週刊誌に取り上げられた松下新平氏や、日本に帰化した中国人も「公認」として立候補させた。帰化した人物は不明だけど、松下氏は当選。

英ＢＢＣが報じて取り沙汰されてる各国の中国警察の出先機関。ウイグルや香港問題など反体制派の人物を見つけ出して中国に帰国させるのが目的で、日本にも秋葉原、銀座、福岡に存在。主権国家に来て自国民の取り締まりをするなど全くの主権侵害なのに。

松下氏の中国人女性秘書はその一施設の常務理事で、松下氏は高級顧問に収まり、中国人女性に議員会館の通行証を持たせていると（「週刊新潮」二二年十一月十一日号）。二三年の衆参補選で当選した自民女性候補も懐疑的に見られているし。野党の親中姿勢は言わずもがなで、これが今の議院内閣制の元となる政党政治の実態。

夫 国政だけでなく、沖縄では米軍基地反対派で親中派の玉城デニー知事が再選。

同じく再選された静岡のリニア反対派の川勝平太知事は韓国を大絶賛し、訪中して習氏とも面談。毛沢東を尊敬しているらしい。氏就任中の二〇〇九～十六年の間、職員四一名が自殺。その数の多さにウェブ版「デイリーＷｉＬＬ（＃２６５）」でも採り上げたほど。

例の「トリエンナーレ展」の愛知県の大村知事も四期目再選で、県は一九九五年から空自機に名古屋空港の離着陸料を科しており、その額計約一四〇億円。県は「有事」でも離着陸料を徴収するらしく、こんなことは世界に例が無いだろうと。

妻 東京都の小池百合子知事も再開発で神宮外苑の樹木を伐採し、加えて葛西臨海公園の樹木も伐採してソーラーパネルの設置計画。中国製のパネルも許可するとしたらウイグルの人権問題にも絡む上、微量であれヒ素やカドミウム、セレンなどの有害物質が流出することは岩国の米軍基地近くの施設でも確認されている（国内産は禁止）。加えて太陽光を浴びている間は発電する設備。火事でも放水による消火は不可で、地震の際の感電事故も不安視。二二年末からはＮＰＯ法人の杜撰な会計処理が問題視され、既に住民訴訟に発展している中、今度は都民の個人情報流出が懸念されるデジタル社会構想を発表。諸問題はさておき最早やりたい放題の感じ。

岬　更にさらに、北海道ではスキー場などの商業施設や水源地だけでなく、旭川、帯広、稚内など陸自の駐屯地や演習場、レーダーサイトなどの重要施設周辺でも中国資本は土地を買い占めての再エネ設備を展開。北の防衛の要である航空自衛隊の千歳基地に隣接する高台ではニトリの子会社の不動産部門が中国人向けの別荘を開発。各棟の中庭には立派なパラボナアンテナが設置。空自の基地までは車だと二分位で行ける距離。スクランブル発進する戦闘機も丸見え状態で、あのアンテナなら通信傍受など朝飯前だろうと。もしかしたら電波妨害も。当初は一万人規模にする予定だったが、近接地は地元の反対で二十棟近くで今のところは頓挫。同社はその後小樽の商業地を爆買いしているらしい。

加えて釧路湿原の国立公園内の太陽光発電装置も東京ドーム千個分に増設計画。天然記念物のキタサンショウウオの生息地で、中国製なら毒物流出で絶滅の危険性が。「こんなことで良いのだろうか？」と北海道の小野寺まさる氏。

妻　二二年二月には富山湾の洋上風力発電事業を中国の企業が初めて受注。発電機を納入するらしい（日本の企業は全ての製造開発事業から既に撤退）。

一般論として、洋上発電の場合海流や風向きなど各種データが必要で、それは国防にも係わる恐れが。加えて風力発電はレーダーに影響が出る場合があるので防衛省は事前相談を呼びかけているという。騒音や漁業への懸念から反対意見もあるが、どの地域であれ地元の反対には経産省はあまり耳を傾けない。国の方針だからなのだろうと。

夫　他にも計画中の設備は沢山あるだろうけど、僕は自然エネルギーというものにあまり良い印象は無い。災害の多い日本には不向きだとさえ。

家庭用ならまだしも、山林を伐採してメガソーラーだなんて全くの「自然破壊」。土壌汚染の上に保水率は下がり、大型化する台風やゲリラ豪雨で土砂災害の増加は必定。

降雪地帯だと発電量も制限され、雪の重荷で故障する上取り換え時には大量のゴミ。イザという時に役に立たないばかかりか、不作動時には電力会社のフォローが必要で、私有地の故障パネルは放置したまま。こんな発電装置なんか「百害あって一利なし」だ。

妻 地球温暖化については諸説あって私達の頭脳では理解できないけど、でもこの自然エネルギー騒ぎを未だにやっているのは日本だけという人も居る。

夫 「電力自由化」が始まったのが丁度二〇〇〇年。その前の九二年から電力の買い取り制度がスタートしたけど、電力自由化が叫ばれ始めた頃青山繁晴氏等は「こんな重要なインフラに民間や外資が入り込むのは国防上も危険だ」と反対の声を上げていた。意図的に停電を起こすことは可能なんだから。

妻 米軍や自衛隊の基地、原発等の発電所や変電所、鉄道などのインフラでもテロの対象になる所は無数にある。電気が止まれば緊急告知も十分には出来ず官民上げての大混乱は避けられない。二〇〇八年北京オリンピックの時（首相は福田康夫）の長野市での騒ぎを見ればその危険性ぐらい分かりそうなもの。

夫 だね。約四千人の中国人が大きな国旗を振りかざして騒いでいた。あんなに腹立たしい光景は無かったよ。他の国での傍若無人振りなんだから。

あの時も威力業務妨害で逮捕されたのは被害を受けた日本人と在日ウイグル人。警察官に暴力を振るった中国人も居たようだけど、中国人側は誰一人逮捕されず、現地の人は「一体どこの国なんだ！」と怒り心頭だった。

結局民主党政権下の二〇〇九年、電力会社に余剰電力の買取りを義務化し、十二年から再エネ賦課金が電気料金に加算されることに。反対の我が家でも課金されているけど、この徴収された賦課金は個人や企業が電力会社へ売電した分の支払いに充当。昨今は多くの太陽光発電事業を買収した中国国営企業の上海電力にこの金が流れており、この上海電力の日本進出には当時大阪市長だった橋下徹氏との関係性に複数のジャーナリストが疑惑の目を向けている。

メガソーラーを推進する自治体は要注意。中国の日本進出を手助けし、日本弱体化に手を貸す者達が如何に多いか？

二〇一三年中国共産党の機関紙『人民日報』は「琉球は日本に奪われた」との記事を掲載。十六年には香港のメディアが「中華民族琉球特別自治区準備委員会」という団体が発足したと。民間団体で浙江省杭州出身の趙東が立ち上げたというが、彼らは沖縄列島は中国の領土と主張し、沖縄人ではなく「琉球人」と呼んでいるらしい。

香港の雑誌に「琉球自治区」という字句が使われたのはそれ以前だったような気もするけど、中国資本による北海道の土地取得に警鐘が鳴らされ始めたのも二十年位前。「国防動員法」は二〇一〇年からだから中国の狙いは明らかで、沖縄の反基地運動の活動家達は「沖縄独立」への工作員と見做すべき。二〇二一年までの十年間、政府は沖縄に毎年三千億円台の交付金を支給してきたのに。県知事は沖縄を中国の一帯一路計画に組み込んで共産党支配下のチベット、ウイグル化を目指しているとしか思えない言動。それを選んだのが沖縄県民なのだから言葉にもならない。

再エネ賦課金の推移（単位円 /kWh・インターネット東京電力資料より）

年	円	年	円	年	円	
2012	0.22	2016	2.25	2020	2.98	再エネ賦課金は当初より約十六倍の値上がり。
2013	0.35	2017	2.64	2021	3.36	
2014	0.75	2018	2.90	2022	3.45	2030年まで上がり続け、以後値下がりの予定。
2015	1.58	2019	2.95			

ホントに日本人？

岬　中国の日本侵略工作はずっと前からだけど、二〇〇〇年前後にはそれがもう顕著化していたんだね。これはネットで知ったけど、韓国の李明博元大統領は

「日本の乗っ取りは完了した」と言ったんだって？

夫　二〇〇九年民主党政権が誕生した際にね。他にも色んな所で発言していたようだ。

岬　そういう意識も無いのに出る言葉ではないよね。北海道の太陽光発電施設では中韓連携しているような施設もあったし。

先に話したITビジネスアナリストの深田萌絵さん。彼女は人民解放軍の関係者らしき中国人に軍事技術に転用可能な部品を詐取されたらしい。それで相手を告発したんだけど、その過程でその人物が残留孤児の日本国籍を不法に取得して

ることを把握。戸籍の乗っ取りを「背乗り（はいのり）」というらしいけど、これは明らかな犯罪。中国人が日本人になりすまして動き回っているんだから。

そこで彼（日本名　藤井○○）を刑事告訴したが、警察はそれを不受理。それどころか、彼女は逆に告訴され、戸籍の件をどのようにして把握したのかとの取り調べを受けたという。被害に遭い、また法律を犯している相手を告発している側を取り調べるとはあまりにも不条理。それを指摘すると、担当刑事は「雲の上の人の指示」と答えたって。

夫　その「背乗り」だけどね、僕は昔近代を振り返っていた頃少し考えたことがあって。敗戦間近、日本の主要都市は米軍の徹底した爆撃で壊滅状態になった。中には一家全滅になった世帯もあったのではないかと（空襲による死者は四五万人以上）。戦死者も多かったからね。一方で、役所も戸籍や住民台帳に当たるものも焼失したかもしれない。我々の親の世代はそういう所からの再建だったわけだけど、この戦後のどさくさの時期に戸籍を不正に取得した者が居たのではないかと。

妻　だとすると不動産も？

夫　そうなるよね。ただこれは憶測だから。

岬　でもそれも深田さんが言ってたけど、生活苦から戸籍を手放す人も居るみたい。あの東日本大震災後はそういう人が増えたって。

夫　そういう場合もあるのか！それじゃ生活保護が受けられなくなるね。ただそう考えたくなるのは政治家や学者の中に反日日本人が多過ぎるから。共産主義者や帰化人、それにハニトラ、マネトラだけではないように思う。戦地で拘束中洗脳されたり学校教育で近代への嫌悪感を植え付けられたとはいえ、中国共産党がどれだけ民衆を弾圧、殺戮してきたかは知ってるはず。それでも尚中国寄りの姿勢を貫くということは、元々のプロの工作員と疑いたくなるんだよ。

妻　確か一九八一年（昭和五六）に再開された中国残留孤児帰国事業も帰国者の約八割は偽者と疑われていたよね。地方自治体の担当者が「怪しい」と気付いても、国が認めてしまった以上「どうしようもない…」って。

夫　当時の厚生省が戸籍の不正取得に手を貸したようなものだけど、あの慰安婦強制連行の本を執筆した吉田清治という人物も何者だか分からないというんだから。今の日本社会はそれ位疑って掛からないと。
　僕は安倍さんはよく頑張ってくれていたと思っているけど、「一千万人移民受け入れ」とか「カジノを含むＩＲ法案推進」とかは反対。「外国人労働者は移民ではない」なんて言ったりして。経済界から要求されたのかは分からないけど。でもね、本音かは分からないが、氏はある会合で「これからは戸籍も要らない、国境も要らない、そんな時代…」と話していた動画を見たんだよ。彼はグローバリストなのかと。在留外国人は二〇二二年末の統計で約三百七万人。そのうち中国人が約七六万人で（出入国在留管理庁）、帰化した人を含めると約百万人とも。出生数が八〇万人を割った日本はとっくに移民大国なのに。

岬　親中派の政治家が多いのは確かだけど、国も地方も政治家に帰化人が多いのも間違いないと思う。玉城知事とか蓮舫、英利アルフィア氏等は分かるけど。
　アメリカは移民の国だけど、そこら辺はどうなの？

夫　米国の被選挙権は上院では三〇歳以上で九年以上米国市民であること、下院は二五歳以上で七年以上米国市民であることが条件。この年齢に関しては日本の衆参議員も同じだけど、米国の市民権を得るにはハードルがかなり高いらしい。
　正副大統領については被選挙権は三五歳以上で、移民の家系なら三代アメリカ市民であることが条件。従って移民が大統領になるのはかなり厳しいと。

岬　警視庁公安部を退職した坂東忠信さんも時々ネットで見るけど、日本人が選挙権を得るには十八年掛かるのに、帰化すればすぐそれを取得できる点に疑問を呈しているらしい。日本人と同様帰化して十八年後に与えるようにしたらどうかと。正論じゃない？

妻　そうね、帰化の条件はもっと厳しくすべき。大体日本国への忠誠も誓わせないなんて話にならない。帰化後の選挙権は氏の意見が良いと思うし、被選挙権に関しては三代目以降ぐらいでいいよ。徹底した反日教育を受けた人達も居るんだし、日本のパスポートが欲しいから帰化する人もいるでしょう。今の国家公務員も同じだけど、日本を乗っ取ってやろうと画策する者達が容易に政治的影響力を持てないようにしないとこの国の未来はない。実際、現状でも国会議員の国籍や帰化情報は公開されないんだから。新たな国籍取得者は法務省のホームページで確認できるけど、まずは国会議員の国籍や帰化情報は国民に開示しないと。一時期蓮舫氏が国籍問題で騒がれたけど、それすら出来ていないいんだもの。

夫　かつて日本第一党の桜井誠氏らが活動して「通名禁止」「実名報道」「外国人生活保護禁止」などと訴えていたけど正論だよね。やり方は乱暴過ぎたけど、「日本人の権利を護れ」ということなんだから。

今は多分削除されているだろうけど、「アラブの春（二〇一〇～一二）」の民主化運動で北アフリカからの移民が欧州に流れ込んでいた頃、移民にインタビューした動画がネット配信されていた（ドイツ?）。その中で移民の一人は「この国はいずれ我々のものだ。何故なら白人は余り子供を生まない。我々は何人だって子供をもうけるから、何もしなくても我々の国になる」と（イスラムは一夫多妻）。

これが移民を受け入れるという現実。欧州は現在財政負担と治安の悪化で「国民の利益を護れ」という運動が盛んになりつつある。英国のEU離脱の一因でもある多文化主義は既に失敗しているのだ。

妻　そういえば大高未貴さんが「虎ノ門ニュース」で言ってた。日本のイスラム教徒は二〇一二年は約十万人、二〇二〇年には約二三万人。このまま行くと十年後は倍の約四六万人、次の十年後にはその倍の約百万人になる。学校給食に豚肉を使わないで欲しいという声は上がっているらしく、「安価な豚肉は子供達の健康には欠かせないのに」と。豚肉をよく食べるドイツでは既に豚肉抜きの給食が実施されているらしい。

「何でその人達のために日本の学校給食まで変えなければならないのか」って怒ってた。

夫　イスラム教は土葬で、大分県の日出（ひじ）町で土葬を容認したというね。日本は土地が狭く、農業だけでなく醸造業など食品加工に地下水を使う企業も多い。飲料水に使用する自治体も。日本に住むと決めたのなら日本の習慣に従うべきで、それが出来ないなら永住や帰化は止めるべきだし、行政手続きをする際に説明して誓約させるべき事柄だろうに。

岬　沖縄の反基地運動の実態をユネスコまで行ってプロパガンダだと釈明してくれた沖縄の我那覇真子さん。彼女は大統領選挙の時訪米して現地の様子をネットでライブ配信してくれたけど、その後オレゴン州のポートランドで取材し実情を伝えてくれた。

かつて此の地は人気の高い観光地だったが、現在はホームレスや過激派が増加し、子供の遊び場だった公園も使用不可になるほど治安が悪化。薬物蔓延で使用済みの注射器が道端の至る所に散乱しており、市側は止む無く注射器を無償で百本単位で配布。薬物が正しく使用されるためだと。治安の悪化に加え無駄な税支出、おまけに仕事まで奪われるという。これが不法移民も受け入れるリベラルな民主党政治の結果。今の米国では白人はとっくにマイノリティー(少数派)らしい。

その後彼女はテキサス州の国境の壁を取材して現地から発信。国境の壁の建設費用は民間からの寄付も含まれているそうで、それだけでも壁建設は住民の生活を護るために必要だと分かる。トランプさんが支持されるのは当然だよね。テレビしか見ない人には分からないだろうけど。グローバルだのリベラル等というけど実体は共産主義者のように従来の秩序破壊が目的。帰化してすぐに日本人と同等の権利を与えるなどとんでもない。

妻　戸籍の廃止がなぜ必要なのか?私達日本人にとっては自分の両親や祖父母が何処で生まれ、親族は何人居るかなど自分が日本人であることを証明する大事な記録。遺産相続には絶対必要だと思うけど?生まれてから死亡するまで全ての記録が必要なんだから。その法律まで変えるつもり?

夫　外国人には戸籍は無いから、あると都合が悪い者達が居るという事だよね。日本の戸籍は元は江戸時代の檀家制度に始まるらしい。江戸時代の民衆はどの家でも特定の寺院に属する決まりがあり、その檀家の住民の動向や戸籍上の管理を各寺院が受け持った。寺院に属することでキリスト教徒ではないとの証明にもなったし、旅行や住居移動の際は寺院が発行する「寺請証文」が身分証明にもなった(移動した場合は新しい寺で手続き)。この制度が浸透して行くにつれ先祖を仏として祀る習慣が生まれたと言われるが、この各寺院が記録してきた「過去帳」や「宗門人別改帳」が明治の戸籍制度に引き継がれることに(武士の記録は「分限帳」)。日本の戸籍制度はこれだけの長い年月を掛けて確立されたもの。日本人なら江戸時代まで遡れるのが普通なんだから。

岬　大阪の橋下徹さんも差別につながるという理由で「戸籍廃止」を提唱しているそうで、深田さんと口論になったらしい。彼女も戸籍は祖父母などの出生が記録してある貴重な財産。現実に「背乗り」という戸籍の乗っ取りが起きている以上残すべきだとの主張。

妻　「多文化共生」なんて言ってるけどそんなのはまやかしよ。そのためになんで他の国の文化や制度を変えなきゃならないの？夫婦別姓なんかいい例で、結婚してセカンドネームを変えるのは日本だけじゃないはず。自分の国の文化が大切なら自分の国で守ってればいい。それでなくても日本ほど寛容で発達した社会は無いと思う。日本は多神教の文化であり、宗教による差別も無く、神社仏閣には誰でも入れるんだから。

岬　我が家の憲法前文案では、かつての朝鮮統治の反省から「互いの文化を尊重し合い…」と謳ってるよね？

　あのお地蔵さまや神社の賽銭箱を壊したガンビア人。その前も福島県の神社でお狐様の石像などを破壊して回ったり、対馬では仏像を盗んだり神社で落書きする韓国人も居たけど、これはもう日本文化への侮辱・破壊行為。重罪に出来ないのかな？

夫　こうした問題を提起する上でも前文に掲げた方がね。文化財の破壊は単なる器物破損とは訳が違う。その民族の生活の知恵や美意識など数百年に亘って育まれ、洗練されてきたもの。民族の歴史に対する破壊行為だから、余りにも酷い場合は「死刑」でも良いと。こうした問題に国際的な枠組みを作る上でも日本が主導しないと。

「観光客が文化財を破損させた場合はその国の政府が責任を持つ」とか。

妻　それが各国間での了解事項になればこんなことは無くなるよね。このガンビア人も不起訴になってるけど、ホントにこの事件にはウンザリ。日本の方が長い歴史を持つ国なのに。しかも日本は世界の主要国の一つ。「イスラムの神様が大切なら自分の国でどうぞ」と。言ったように日本人の社会生活の基本は「社会のルールを護ること」。私達日本人が最も嫌うのは日本人、外国人を問わず「社会のルールを守らない人」。外国の文化であっても日本人の価値観に合うものは取り入れているんだから。これ以上要求するのは多文化の「強制」であって、**一神教的な押しつけは日本人は受け付けない**と思う。

グローバリズム・多文化共生という名の文化破壊と分断工作

岬　安倍さんがグローバリストと言うけど、でも対中包囲網を築こうとしていたんだから共産主義の同調者じゃないのは確かだよね？

妻　進めてきた政策で判断すれば良いと思うよ。色んな会合に出席するのは政治家の常。切り取りの動画は多いし、連立を組む公明党は外国人の地方参政権に熱心だから。

夫　その参政権はね、自民の改憲案では地方自治体の選挙権も「日本国籍を有する者」と規定している（第三章第十五条の3　第八章第九四条の2）。

岬　今熊本市ではこの「多文化共生」を謳って外国人に政治参画権を与える条例を制定しようという動きがあって、反対運動が起きていると。参政権ではないけど。でも市民税を収めていない人にも政治的な権利を認めるとは？二三年三月河野太郎デジタル大臣は「外国人に国籍や永住権を与えて日本人を増やして行く」って言ったらしいけど、ホントに国も地方も日本を売り飛ばすような輩が多過ぎて。

夫　人間は皆同じではないと言ったよね？実際ウソをついて何とも思わない民族もあれば、国家間の約束すら護れない国もある。何故そうなのか？それは神観念が無いから。儒教社会では先祖崇拝が基本。徹底した反日教育を施していれば尚更で、嘘を吐くのは悪いこと、恥ずべきことという観念が意識の根底に持たれているか？神観念が違うあのガンビア人に限らず、神観念が有るかどうかも重要な問題。善悪の基準が違う民族が帰化して直ぐに日本人の価値観、歴史や文化、それに皇室についても理解し日本人としての心構えができるとでも？掃除当番や給食当番など、社会性を身に付ける日本の学校教育で育って来たわけでもないのに。

中国人は移民一人に十人が付いて来るとも言われる。家族を呼び寄せるから。日本語を話せなければ仕事は無理なのに、中国人のコミュニティはアッという間に出来上がる。千葉県等でのヤードや牡蠣殻の不法投棄など中国人の迷惑行為を見れば分かるだろうに。河川敷に放置された牡蠣殻で子供達がケガをする問題は十年以上も前からで、日本人の生活が壊されるだけ。これで次期総理大臣候補？ホントに「親が親なら、子も子」だよ。

妻　皇室だけじゃないよ。国旗、国家、憲法まですべてよ。

岬　以前お父さんは「アイヌは先住民族」と言ったけど、アレ違うようだよ。これも北海道の小野寺さんが教えてくれたんだけど、アイヌ出身でアイヌの言語学者だった故知里真志保（ちりましほ…１９０９～１９６１）北大名誉教授は、アイヌは六つの部族に分かれており、言語も五～八つ。習慣も違い民族と呼べるほどまとまっていなかったって。アイヌを民族として一括りにするのは反って失礼で、「既に五十年前にアイヌ文化は存在しない」とも記しているらしい。

ところで、二二年十一月に「ロシア連邦保安庁（＝元ＫＧＢ）はウクライナではなく、二一年夏頃に日本との局地的な軍事紛争を計画していた」と米ニューズウィーク社の情報がリークされたけど、アレ根拠のない話ではないみたい。少し経過を辿ると…。

・二〇〇七年「先住民族の権利に関する国際連合宣言」が出され日本も参加。この宣言には法的拘束力は無いが、その中では「自己決定権」「自治権」「国政への参加」等の権利が謳われ、賠償、土地、領土、資源の返還等を認めるとされる。

・二〇一八年十二月、ロシアのプーチン大統領はアイヌをロシアの先住民族として認定。

・翌月の一九年一月、「アイヌ政策検討市民会議・代表畠山敏」はプーチン大統領と在日ロシア領事宛に「千島列島をアイヌの自治区として欲しい」「南千島と世界自然遺産である知床半島との一体保全管理を検討してほしい」旨の要望書を提出。

・一九年四月日本政府はアイヌを先住民族と認める「アイヌ新法」を成立。

プーチン大統領の「アイヌを先住民族と認める」との声明は日本政府の認定より四ケ月も前に出されており、誰かがロシアへ情報を流していたのは確かだよね？

夫　その「住民保護」を口実に二一年夏頃に軍事侵攻計画ということか？そういえば二二年四月二八日産経新聞のコラム欄に「ロシアの国会議員が北海道の領有権を主張した」との内容。しかもかつての満州の「関東軍を忘れたか」との恫喝交じりの文言で。

ウクライナ侵攻後だったので日本が北方領土へ進軍しないように、両面作戦にならないよう「牽制の為かな」と思ったんだけど、違うんだな。

岬　そのロシアとウクライナの問題だけどね、ロシアはクリミヤ半島併合後二〇一四年のミンスク合意で、ウクライナの東部（ドネツク州、ルガンシク州他）に高度の自治権を与えると一方的に宣言。ウクライナはこれを拒否していたが、ロシアはその合意不履行を口実に軍事侵攻。つまりこの「自治権」というのが大きな危険性を孕んでいると大高未貴さんは指摘（「虎ノ門ニュース」22・3・2）。ウクライナやクリミア、チェチェンへの侵攻の名目も全てこの「住民保護」。

二〇〇七年の先住民族の国連宣言には「自治区での軍事活動は禁止」との条文があるらしく、アイヌ協会が自衛隊の基地設営等に反対すれば実行できず、ロシアに保護を求めれば容易く軍事侵攻できる可能性は否定できないと。

無論法的拘束力は無いのでそう簡単には行かないだろうけど、この団体は三〇年も前から活動している団体で、中国のウイグルやモンゴルなどの自治区を見学したり、北朝鮮の主体思想の研究者等が関係していると。

妻　やはり二〇年近く前だったか、中国人が釧路を頻繁に訪問しているニュースはあったたね。先の戦争で日本が降伏した際、その翌日にソ連は留萌～釧路の線以北を追加要求。北海道のほぼ半分だけど、米国はこれを拒否。不凍港のある釧路は利用価値が高いという事。

夫　有事の際自衛隊の活動やレーダーなどの妨害工作に出るのは分かり切ったこと。でもそんなことをしたら「外患誘致罪」で即逮捕だろうに。

刑法第八十一条「外国と通牒して日本国に対し武力を行使させた者は死刑に処する」

刑罰に死刑しかない最も重い犯罪なんだから。

岬　でも、北海道の一部の「知床半島と南千島を一括管理して下さい」と書いてあるのは確か（後述資料原文有）。この代表者の畠山氏は先住民族の権利と言って鮭を不許可で捕獲して告発された人物。これまでもアイヌの儀式用として申請すれば道は許可しており、申請されないと密漁との区別がつかないと。

妻　「元々自分達が住んでいた地域だからそんなことはする必要が無い」という理屈？主体思想とかいうとそれで分かるような気がする。要するに慰安婦騒動や応募工問題と同じで、給料は受け取っているのに過度な被害者意識を刷り込んで保障だの賠償だのと騒ぎ立てる反日活動。二一年の十一月頃「韓国の慰安婦像の前に座り込んでいる若者達は北朝鮮の親睦団体だ」という意見がネットに上がり、その後北朝鮮のスパイ容疑で逮捕。日米韓の離反が目的だからどんなウソでも止めることは無いよ。

夫　韓国国史教科書研究所所長の金柄憲（キムビョホン）氏は韓国の慰安婦像は撤去すべきと活動している人で、同年九月に名古屋に来てトリエンナーレの不自由展での慰安婦像は撤去すべきと訴えていた。韓国にも「このままでは北朝鮮に呑み込まれる」と危機感を持つ良識ある人達は居るんだけど、日本と同じで教育やマスコミ、政治家達にまでその工作は浸透しているから。

妻　法律はあっても、軍事侵攻されて北海道が奪われてしまってからでは何の効力も持たない。それが現実。

夫　確かにね。中国が台湾に軍事行動を起こすとすれば沖縄に限らず日本に全面戦争を仕掛ける可能性は高く、ロシア、北朝鮮は即参戦。米軍が撤退すれば韓国も加わるだろう。レーダー照射事件で「そんな事実は無い」と否定して掛かる対応を見れば明らか。

　でもこのアイヌ新法も安倍政権下だったのでは？

岬　このアイヌ新法に熱心だったのはアイヌ施策推進会議座長だった官房長官時代の菅義偉氏。大高さんは当時菅さんを囲む座談会で「アイヌ協会は北朝鮮の主体思想の研究者の尾上健一氏等が参加している団体。北海道の開拓の歴史を書き換えて自治権を取得し、憲法や国旗を制定して日本を分断しようとしているのでは？」「何故北海道で北朝鮮の政策が実行されようとしているのか？」と菅氏に質問。氏は「先住民族は間違いないと思う」と返答したけど、「それにも異論がありますよ」って。しかしそれには応えず、法案はそのまま通したと（http://www.dreamlifecatcher.com/2019/10/20/suga-ainu/）。

夫　僕等が学生の頃はアイヌは先住民族で、次第に北方に追いやられたんだろうというのは比較的一般的な説だったような気はする。

岬　近年の発掘調査では北海道の縄文遺跡は五〇ケ所以上。二〇一一年（平成二三）に史跡認定された函館の垣の島遺跡は約九〇〇〇〜三五〇〇年前までの約六千年間人々が暮らしていた最大級の縄文集落で、土器類の他世界最古の漆製品も発見。九千年前の副葬品と見られ、漆の使用が始まるのは縄文時代の早期の一万年前と見られるようになった。だからアイヌよりずーっと前に私達の先祖が住んでいたのは確かで、縄文時代は私達が考えるよりもっと文化的な暮らしだったかもよ。

妻　その件は旧皇族の竹田恒泰先生も言ってたね。アイヌが文献資料に登場するのは鎌倉時代。三万八千年～一万六千年前までの日本列島は磨製石器の時代（無土器時代）で岩宿人と称ばれる縄文人の祖先みたいな人達がほぼ全域に住んでいたって。前に話したように一万六千年前頃は地球の寒冷期で北海道から樺太までは陸続き。従って、北方に住んでいたオホーツク文化の狩猟民族が渡って来たんだろうと。北海道でも磨製石器や縄文土器は発見されており、DNA検査でも証明済みだって。

おまけに日本語は地方によって方言やなまりがあるが、文法的には沖縄も含め同じ。ところがアイヌ語は文法も別物だから全く理解できないと。アイヌ出身者も含め複数の研究家が指摘しているんだから、アイヌが先住民というのは間違いでしょう。

夫　北海道の歴史としては、日本書記の斉明天皇四年（六五八）に阿倍比羅夫（あべのひらふ）が蝦夷を討伐し翌年現在の函館辺りの後志羊蹄（シリベシ）に群領を設置したとあるけど？

岬　現在では古代の蝦夷（えみし）はアイヌと同一ではないとされている。発掘資料やDNA検査もあるから。アイヌを蝦夷（えぞ）と記したのは一三五六年成立の『諏訪大明神絵詞』が初見で、「蝦夷（えぞ）＝アイヌ」というのは鎌倉以降の中世・近世の概念らしい。

大高さんはこんな話もしてた。かつて樺太や北の島々には日本人、ロシア人、アイヌ人が混在しており紛争が絶えなかった。そこで明治八年（一八七五）国境を確定しようというロシアの主張に応じて「樺太千島交換条約」を締結。樺太に居住していた日本人は引き揚げ、その際日本行きを希望するアイヌ人も日本に移住することになった。つまり、日本行きを希望した人達なんだと。知里真志保先生が「六つの部族で言語も異なる」と言われているのは移住して来た時期や住んでいた地域が違うなら当然じゃない？

仮に菅さんが国連の先住民族に関する条文を理解してなかったとしても、アイヌ新法の内容を理解してないのはあり得ないよね。この法律ではアイヌ民族と認めるのは国ではなく、アイヌ協会が決めることになっているらしい。つまりアイヌとは関係ない人物でも協会がアイヌと認めれば誰でもアイヌ民族になると。

妻　アイヌとは関係ない外国人でも税金で生活して行けるという事？

岬　可能性としてはね。この法案成立後の二〇年に二百億円の補助金で白老町に建設された「国立アイヌ民族博物館・通称ウポポイ」。その式典にはアイヌの衣装を着た菅氏や鈴木直道北海道知事も参加してるけど、同協会への二二年の補助金は国・地方計約三十億円。テレビでも頻繁にCMを入れているのは予算が余程余っているんだろうって。

北海道の小野寺さんがウポポイを見学して勉強しようと呼びかけたツアーの動画が配信されてるけど、反日左翼の活動家達が建物内にまで入り、展示物などを見学しているツアーグループにカメラを向けて様々な嫌がらせをする場面が写っている（CH桜　真相はこうだ！再編集版　小野寺まさる〜ウポポイ見学勉強会でクラックノースが妨害行為）。しかし、これを注意する職員（学芸員？）は誰一人居なかったと。国立の施設なんだよ。

妻　既に反日活動の拠点化しつつあるのなら、**一体何のための税金投入？**

歴史書き換え進行中の北海道

岬　今北海道では歴史の書き換えが進められてると小野寺さん。

このウポポイで販売している『今こそ知りたいアイヌ』という雑誌には、北海道最北端の稚内辺りがオホーツク文化で、残りの北海道全域から宮城県以北の東北地方までの広大な地域が原アイヌの居住圏と色分けされており、それより南の茨城県中部から新潟県中部辺りまでは混在地域。それより西が大和王朝で、九州南部はクマソが居住していたことを表す地図が使用されていると。この地図は私もネットで見たけど（資料後述）、書記の阿倍比羅夫の記述に触れながら、発掘調査や科学的な裏付けもない冊子が国立の施設で販売されているのはどういう訳か？これは来館者を洗脳するためだろうって。

従来の小学校の教科書地図は北海道を赤くして人が住んでいたことを示していたが、今の地図は白くして人が居住していなかったような修正図にしているようで、これは文科省の指示らしい。おまけに年表も縄文時代などの記述は無く、突然アイヌが住みだしたように変えているって。何しろ畠山氏は

「北海道の歴史は百年しかない」と度々口にしてたから。

夫　この広大な地域に住んでいたのに、大和王朝に攻め立てられて土地を奪われ、北海道の辺鄙な所へ追いやられたと？科学的な発掘調査も無視ならただの作り話じゃないか！

岬　この冊子や地図に関して北海道在住者や出身者のこういうコメントがあった。

・自宅の裏山から縄文土器が沢山出土していたので縄文文化圏にあったのは確か。

・函館市南茅部地区から九千年前の世界最古の漆装飾品が出土されており、米国の炭素年代測定により縄文早期前半の物であることが確認されている。

・アイヌが差別・迫害されていたのなら、明治政府がアイヌ由来の地名を付けるはずがない。

・私の曾祖母がアイヌだったが、差別を受けたという話は聞いたことが無い。

・アイヌ民族といった別人種の集団は現在はいない。

・この施設の霜村紀子資料情報室長は開館準備期に「古い資料は沢山あるが、都合の悪い資料は公表しない」と発言。

・地図ではオホーツク文化が北端の一部となっているが、網走を中心としてオホーツク海に面している所がオホーツク文化であって、網走や常呂にも博物館や遺跡が沢山あること、等々。

尤も、かなり削除されているけどね。

夫　専門家でなくとも、ある程度の知識のある地元の人達に見抜かれる程度の歴史捏造に文科省も加担しているということか。

岬　施設は国交省の管轄らしく、文化庁も絡んでるはずだから政府一体の捏造だよね。

ある人のコメントにこういうのもあった。

「明治時代、ある教育者の記録にアイヌの子供は不潔で寄生虫に侵されており、清潔を教えることから始めた。教師たちは風呂を沸かして入浴させ、食事を提供し、親（アイヌ）には日当まで支給して教育を行ったとある（「北海道教育史」昭和三十八年版）。また開拓使はアイヌの青少年を開拓使仮学校や、農業研修所に入れ指導者としての養成を行っていた（原文ママ）」と。

明治のアイヌの生活は英国人の旅行作家イザベラ・バード女史の『日本奥地紀行』に豊富にあるらしく、有名な「熊祭り」

で極めて残酷な殺し方をする様子や、とてもではないが衛生的とは思えない食生活なども克明に記してあるという（女史にはその後立ち寄って記した『朝鮮紀行』もある）。

文化は高い所から低い所へ流れるように、製鉄技術どころか土器も持たず、文字も無く計算も出来ないアイヌの人達も明治の時代に日本式の生活に馴染んで行ったということ。

明治政府はアイヌを手厚く保護したし、また当時の教育者達も寛容で情熱をもって接していたと私は思う。

夫　二十年位前、仕事仲間と旭川から美瑛、そして富良野まで行ったことがあって。その中の年長の人が美瑛の「パッチワークの丘」で、「この広大な土地を、明治の人達は馬と人力とで切り開いたと思ったら、なんだか涙が出そうになる…」

そう言っていたのを思い出した。北海道を開拓したのは明治の人達なのに。

岬　その北海道開拓の歴史を象徴する札幌の「北海道開拓百年記念塔」。費用の半分を道民が負担したという。この記念塔を道は老朽化を理由に取り壊しを決定。着手後反対派が住民訴訟を準備中ながら強引に作業を継続。開拓の歴史を消し去るつもりのようだと。

北海道開拓の資料館としては、同じ白老町の「仙台藩陣屋展示館」が資料性が高く参考になるらしい。でも現在はこの『ウポポイ』の宣伝工作で「開拓」という言葉を使う事さえ憚られる雰囲気。

資料性のある展示物や年表も無いアイヌの資料館には莫大な資金を提供しただけではなく、今後同様の施設には八割の補助金が支給されるらしい。純然たるアイヌ人の存在しない今日、参画する人はこの補助金が目当てなのではという人も居るくらい。国立の施設ということは毎年税金が投入されるだろうから。

夫　どこかの国と全く同じ手口。近代を切り開いた日本人の努力や善意は裏切られてばかり。こんな捏造に加担する学者がまともなはずはなく、日本政府自らが捏造、反日、分断の種を蒔くとは…。

岬　ところでお父さんは樋口季一郎という人は知ってる？北海道をソ連の侵略から護った人だって。

夫　先に言ったね、戦後ソ連は「留萌～釧路」の線まで要求したと。ソ連軍は日本降伏後も攻撃は止めず、千島列島の最東端の占守島（しゅむしゅとう）に侵攻。この対北方面軍司令官だったのが樋口中将。降伏後であったが自国の領土であるため守備隊に敵撃退を命じソ連軍を撃退。侵攻を五日間食い止めた後、軍令により降伏。現地の将兵は殆どがシベリア送りになったが、しかし、この戦闘のお陰でソ連軍の本土上陸を阻止できた。

それに、ユダヤ難民を満州ルートで脱出させたことも話したけど、その時上司である参謀長の東條英機を説得し満鉄の協力を取り付けたのもこの樋口中将。

また大戦中アリューシャン列島のアッツ島とキスカ島を占領したんだけど、米軍の反撃に遭いアッツ島の守備隊は全滅。援軍も送れない状況にキスカ島からの撤退を進言し、海軍の協力を得ながら一人の犠牲者も無く陸海将兵約五二〇〇人全員撤退させたのもこの人。「奇跡の将軍」と呼ばれる氏は、イスラエル建国の功労者としてエルサレムのゴールデンブックにも部下の安江仙江（のりひろ）大佐と共にその名が記されている。それに、北海道にも個人が設けた「樋口記念館」があるらしい。

妻　こういう先人達のお陰で北海道はソ連との分断から護られてきたのに、それまで消し去るつもり？

岬　このコロナ騒ぎが深刻だった二一年頃、こんなコメントがあった。

「北海道の過疎地では中国人が半数に増えた。助けてください」と。ビジネス往来かは知らないけど、ホントに日本人の生活が壊されてしまうほど。

小野寺さんの話では、鈴木直道知事は夕張市長時代に広大なリゾート施設や文化施設を中国のペーパーカンパニーに安値で売り払い、現在は誰が所有者なのか分からない状態らしい。知事はその説明責任も十分に果さないまま。結局施設は破産したらしいけど、其処も北海道では有数の水源地に当たると。水道民営化は二〇一八年だからね。おまけに中国人に土地を売っても転売が繰り返されて所有者が分からず、固定資産税を徴収できないケースも多いらしい。

妻　若くてイケメンだからと言っても、知事に選んだのは道民。

夫　何処でも同じだろうけど、知事に立候補するには二千万円位の資金は必要。それなりのスポンサーが付いていると判断すべきなのに、ホントに日本人は甘すぎるよ。

岬　私達の先祖が切り開いた歴史や文化を破壊し、日本を支配下に置くのが狙いなのに。

ネットでよくコメントされてる。

「いい加減に性善説はヤメロ！」って。

沖縄の歴史の書き換えは完了？

夫　この進行中の北海道の状況は沖縄と似てるね。沖縄出身でジャーナリストの恵隆之介氏。元自衛官で高齢にもかかわらず米軍基地反対運動とも戦われているけど、避難訓練を始めた国境の島与那国島でも講演。戦後の沖縄が如何に米国から援けられたかを話されたようだ。

戦後の沖縄は百八十名の医師の三分の二が死亡し衛生状態が極度に悪化。元々沖縄は感染症のデパートと言われるほどに蔓延。特に離島の与那国島は結核やマラリアが他の地域よりも多かった。沖縄にも保健婦制度はあったが看護学校は無かった。

一九五〇年（昭二五）ＧＨＱが米公衆衛生院の看護顧問ワニタ・ワーターワース女史を派遣し、看護婦達を集めて「看護には敵も味方も無い」と指導を開始。各地で活動する公衆衛生看護婦制度を発足させ、優秀な看護学校も設立。中には米国で研修を受けた看護婦も。米軍も結核用のストレプトマイシンを無制限で供給し、離島での活動も飛行機や将校宿舎を提供するほどの協力体制。無医村での駐在保健婦となった彼女達の献身的な活動も相俟って沖縄の感染症はやがて根絶。その成果は当時本土からも視察が訪れ、今日でも外国から視察に来るほどだという。米国に援けられた事柄は他にもあるようで、

「今では米軍基地があると事件やレイプ被害がと負の面ばかりを強調するが、当時の沖縄が如何に米国に援けられたかを思い出して欲しい」

そう訴えると高齢者は当時を思い出して涙ぐむ人達も。この講演には反対派やＮＨＫも取材に来ていたが、地元でも報道は無かったと。

また氏は琉球王国時代のことにも触れていた。

・当時の離島には沖縄本島の三倍の税金を課していたこと。
・身長一四八㎝以上になると課税される人頭税が二百年も続いたこと。
・人口調整のため弱者を切り殺すなど残虐な口減らしが行われていたこと（史跡あり）。

・人頭税は一九〇二年（明三五）明治政府によって廃止されたこと。

こうした事情から、離島民には首里城を見ても本土のように旧主を慕うという傾向は無いと。それに、本土復帰前の沖縄は人の往来が制限されていたので祝日には国旗日の丸を掲げるのが普通だったが、本土復帰後成田闘争などに敗れた左派系政治団体が移住し組合の幹部職等に就いてから現在のような風潮になったと。

令和三年（二〇二一）一月二四日の産経新聞には、昭和四七年（一九七二）の本土復帰後から自衛隊員やその家族への差別や嫌がらせの横行ぶりが記載されていた。

それによると、隊員の住民登録や体育大会への参加も拒否され、子供が入学式や卒業式に参加できない事も。また隊員の成人式への出席も阻止されるため、長年駐屯地内でひっそりと成人式を開いてきたらしい。

こうした過激な妨害活動をしてきたのは自治労、市職労、核マル派などで、「自分達こそ職業による差別をしていながら、護憲派とは噴飯もの」で、最近へイトスピーチ禁止条例づくりに躍起になっているのだから唖然とする、と。

今年（二一）も成人式は駐屯地内で実施されたようで、コロナウイルスの影響でビデオメッセージながら地元市長達が初めて祝辞を寄せたという。

ところが、昨年（二〇）県は豚コレラとコロナ対策で計四回の災害派遣を要請したというのに、玉城デニー知事からのメッセージは無し。

妻　前の翁長知事も元は自民党だったね。中国詣でに実に熱心で。

夫　ネットを利用している人達は分かっているけど、反基地活動のプラカードやチラシ、横断幕にもハングル文字が使用されているのもあった。またこうした傾向は本土の「反安倍運動」でも。プラカードに「安倍上めろ」と。「止めろ」と書けない小学生は居ないと思うけど、そういう人達が参加しているのは確かだろうに。

岬　でも沖縄には「かつての琉球は独立国家だった」と誇りを持っている人も多いとか？

夫　その点についても恵氏は「琉球王国は民主的で素晴らしい国だったと思っているかも知れないが、上記が実態だ」と。僕等の世代だとわりとその点は知られていたと思う。沖縄の空手（元は唐手）という武術は武器が無くても戦えるように発達したと言われていたから。手製の武具もあるしね。それ程の過酷さ。

冷静に考えれば分かると思うけど、沖縄県の税収だけで道路、港湾、学校、医療、年金、国保、電気、通信、ガス、水道などのインフラや行政サービスが整備出来たかどうか？

この点はアイヌ協会の「自治権要求」にも言えるけど、現在の行政サービスやインフラは全く利用せず、明治以前の生活に戻したいから自治権を寄こせというならまだ理解はできるけど…。電気、ガス、水道は使い、病気やケガをすればスマホで救急車を呼び、病院で健康保険を使って現代医療の世話になりながら自治権は寄こせと？

文明を拒絶した民族はやがて滅びる。これは歴史の鉄則だと僕は思う。

妻 どれだけウソの歴史を吹き込まれてきたかということよね。北海道がその真っ最中。何とか踏み止まらせないと。国を護るというのは武器を持って戦うことが基本だけど、偏らない知識を持つことも大事。そうしないと正常な判断が出来なくなり、国そのものが内部崩壊してしまう。

夫 **日本が今その内部崩壊の真っ最中。**それに気付かないと子供達の未来どころではない。自治体の長、知事は直接選挙で選んでるんだから、政治制度が直接的な問題ではなく、結局は国民の政治意識の問題。国民こそが国政の担い手であり、自分達の国が今どういう状況に置かれているか把握しようとしないことこそが一番の問題なのだ。

（ＹｏｕＴｕｂｅ ＣＨ桜 沖縄の声 与那国島の決意 Ｒ４・１２・６ 看護制度に多少の加筆有）

安倍さんが「日本を取り戻す」と強調した理由

妻 さっきアイヌ資料館の地図の話で、九州南部にクマソが住んでいたとの色分だったと言ったよね？それは史実だろうけど、そのうち九州南部でもこうした工作が始まるかも。中国が勢力圏を確保する目的で設定した軍事的な対米防衛ラインである列島線。その最も中国寄りの第一列島線は鹿児島湾から延びているし、今問題視されている中国の海外警察の顧問に宮崎県選出の参院議員が収まっている。おまけに同県えびの市の「日章学園九州国際高等学校」の生徒は中国人九割、日本人が一割で、中国国旗が掲げられ、入学式には中国国歌を歌うという。これが日本の高校？

夫　第一列島線というのは必ずしも画一的ではなく、僕が記憶した初めの頃は確か熊本県をかすめていたと思う。

岬　熊本？さっき熊本市の話をしたけど、現在ソニーの工場がある同県の菊陽町に台湾のTSMC（JASM）の工場が建設中だよね。陸自の西部方面航空隊の基地の直ぐそば。IT専門家の深田萌絵さん。彼女はずーっと前からこの企業に対する疑念を発し続けている。

TSMCの創業者張忠謀（モリス・チャン）は中国浙江省生まれで習近平とも親しい間柄。現在は焦佑鈞という人物が支配者で（パナソニックの半導体も買収）、同社は独自の技術は持たない製造会社。中国国内にも工場が数か所あり、この会社に半導体チップの製造を依頼するということは中国にもその技術が筒抜けになる。そうした危険性のある企業を日本が五千億円も出資して誘致？しかも世界トップレベルの画像センサー技術を有するソニーと提携させて？ソニーは隣の合志市にも新工場を建設中で、これでは日本政府がお金を出して半導体の最新技術を中国にくれてやるようなもの。

一方新設した日本の半導体企業ラピダスへの出資は七百億円。丸っきり逆で、単に経産官僚の天下り先を確保したいだけじゃないのかって。国が関与して再編させたルネサスという半導体企業があったでしょう？やがてこの会社は経営不振に陥ったけど、その顛末もネットで配信していて、どうも経産省が絡んでいたようだと。

（注）米国防総省の資料などから作成

東芝の半導体事業買収の話が出た時も、男女共同参画事業に八兆円も使うなら、東芝に二兆円出資した方が国益にかなうはずだって。「量子コンピュータや半導体、原発事業など世界と日本の将来に有益な部門に投資しないなんて！」と呆れてた。

「菊陽町では中国語の教育が始まっており、取り分け医療関係者に」って。それも「簡体字の中国語というから台湾語ではなく北京語だ」と。

夫　えびの市は熊本、鹿児島に隣接している地域。中国人の激増に備えているようで不安にもなる。「もしかして熊本県知事も？」。

岬　彼女は訪米したり、米国の元NSC（国家安全保障局）高官で情報セキュリティの専門家リチャード・マーシャル博士を招いて日韓の政府関係者や議員達に講演。韓国では韓国人弁護士のフリをした中国人の妨害にも遭ったようで、「日本を護りたい」とホントに頑張ってくれている女性。

ＴＳＭＣは台湾での汚染水処理にも問題があるらしく、地元の人達と情報共有しながらの活動。それに台湾は決して一枚岩ではなく、一般の人は親日だが、国民党は中国大陸系で台湾経済を牛耳っているのも大陸系。本国とも親しい関係なのは知っておくべきだって。

夫　米国が疑念を抱いても不思議ではない。我々だって疑っているんだから。

それに台湾と中国との関係も少しは分かるよ。あの李登輝さんの辞任後の談話が産経新聞に掲載されて。その中で氏は任期中の中国からのミサイル発射について、「あの時はすぐ連絡がありました。弾頭は装着していないからと」。確かこういう内容。それを読んだ時「結構連絡は取り合ってるんだな…」と思った。それに蔡英文氏は尖閣諸島は台湾の領土と主張しているし、また馬英九総統の時にシャープが買収されたのも忘れられない。

岬　ＲＣＥＰやＴＳＭＣも安倍内閣時代だったけど、ＴＳＭＣに関しては経産大臣だった萩生田光一さんが決めたらしい。しかも氏は安倍さん暗殺後の二三年十二月の訪台時、「日台交流協会」での講演で「日本が二千七百億円出資し、最先端技術全般にわたって日台関係を構築する」と発言。深田さんは「日本が再び台湾企業に出資し、民間が努力して開発した最先端のバイオや量子コンピューター、ＡＩ技術までも提供するつもりなのか」と（筆者注・バイオ部門等の七千億円超の補正予算のこと？）。

日本の企業を育てる気が無いのは明らかでしょう？日本の最新技術は中小企業が開発する事が多いらしく、それを経産省や大手企業が外国に横流ししている構図が見え隠れするとも（後述深田萌絵ＴＶ参照）。

台湾の半導体企業は中国への輸出が最優先。しかも中台は同じ情報システムを使用しているため情報が筒抜けになることは米国も把握。

ＴＳＭＣを警戒している米国は日本の動きを注視しているはずで、５Ｇでも６ＧでもＮＴＴはファーウェイと共同開発。「同盟関係にありながら、安全保障上重要な無線通信技術を中国と共同開発しているとは…」と。６Ｇでは全ての個人情報が把握できるという。６Ｇをめぐる米中の覇権争いは、この全ての個人情報を何方が握るかという争いだと米国の技術者と共に警鐘を鳴らしているほど。

経産省は二三年になってデジタル産業戦略を見直し、半導体製造装置の対中輸出制限にも踏み切るとのことだけど、熊本がこんな状態でホントに大丈夫？

妻　菅さんは二〇三五年までにガソリン車を廃止して電動自動車に切り替えるって言ったよね。トヨタの社長は「五百万人もの失業者が出る」と大激怒だった。

岬　深田さんも「日本の基幹産業に大打撃を与えるのみならず、部品を製造する中小企業を廃業に追い込むことが目的ではないか」と。日本が衰退する政策ばかり。

妻　大体発電所が足りないでしょうに！

夫　だよね。日本の自動車登録台数は約八千二百万台。その三分の一が一斉に充電始めても大丈夫？雪道で立往生したら？ソーラーパネルで十分だとでも？

岬　デジタル庁創設に際しても菅さんは外国人も採用すると当初から明言。平井卓也初代担当大臣は「外国人は公務員としては採用しない」とは言ってたけど、米国議会が二〇一八年の「国防権限法」で中国製情報機器の使用禁止を決定した後にファーウェイの工場を視察。しかもライン（ＬＩＮＥ）は中国に情報漏洩発覚後も「使用を続ける」と。政府のＩＴ戦略室にはラインの関係者７名が在籍していたことが確認（ＺＨＤ…ラインの親会社１名、ソフトバンク…ＺＨＤの親会社２名、ヤフー…ＺＨＤの子会社２名）。現在は分からないけど、始まりからコレ。

夫　情報漏洩と言えば厚労省や国税局でも度々発覚。情報処理を委託した業者が中国の業者に再委託したと。こんな状況が続いているのに政府や東京都の無神経さ！

岬　深田さんは日本科学振興機構（ＪＳＴ）が開発したシステムをかの背乗りした中国人が母国に持ち出したこととかも発信してくれてるんだけど、大体日本には「ハッキングは犯罪行為である」という概念や罰則もなく、おまけに「スパイ防止法」もないから情報は盗み放題。「この情報化の時代にどうやって生き延びていくのか」って。

妻　ホントにそう。米国でも軍事機密や学術研究など膨大な資料がハッキングされているのに。デジタル化が必要なのは分かるけど、先端技術の情報を護る法整備も出来ていない状態で「デジタル庁」を設立するなんて、順序が逆でしょうに！

夫　外国人労働者だの留学生だのと言う前に、先ずは「スパイ防止法」だよね！

岬　おまけに中国ルールの経済圏ＲＣＥＰ（アールセップ・東アジア地域包括的経済提携…ＴＰＰより規模が大）には加盟するし。ＲＣＥＰでは日本の個人情報は中国に流れるが、中国の個人情報は日本には入らない仕組みだと。

私がよく見る動画の一つ「日本改革党 くつざわ亮二」さんによると、二〇二一年一月国費留学生は九千四百人弱（中国からの留学生は八百九十七人…令和元年五月）。

国費留学生への予算は約百八十億円で、一人当たりの支援金は三百八十万円。当然返済無しでしかも医療費もタダ。

中国からの国費留学生は卒業後その殆どが帰国。つまり彼らは日本政府から生活費まで支給されながら日本の最先端技術や研究成果を自国に持ち帰っていることに。

一方、日本の学生が四百五十万円の奨学金を受けるとその返済は利子も含めて六百万円以上。これでは日本の優秀な学生が増えるわけが無く、こんなことをしていれば日本が衰退していくのは明らかではないかと。

妻　中国が急速に軍事技術を向上させたのは日本から技術を持ち帰ったからよ。北朝鮮にも流れているかも。ホワイト国から外したんだから韓国にもルートはあるでしょう。なのに岸田さんは「留学生は日本の宝だ」なんて、一体どこの国の総理大臣！小野田紀美議員に「日本の宝は日本の子供や若者達ですよね？」と念を押されてた。

岬　こんなことは何時ごろから起きていたの？

夫　これも二〇年前頃かな？制度自体はずっーと前からだけど、中国人留学生の最先端技術持ち帰りの危険性はジャーナリストの桜井よし子さんなんかは指摘していたから。

妻　理工系の留学生の受け入れは即刻停止すべき。知的財産を護る上でも国防上の観点からも。欧米では外国からの留学生は三倍くらいの授業料を取っているというのに。

夫　菅さんの日本学術会議の会員任命拒否と外国人の土地利用規正法は評価できるんだけどね。国の特別機関としての学術会議は、会員の選考過程に第三者が関与する仕組みにして維持する方針だそうだが、学術会議は廃止すべきだよ。中国の軍事技術には協力するが、自衛隊の軍事技術には協力しないとしてきたんだから。全くの利敵行為だ。

岬　くつざわさんはこんなことも言ってた。「北大の某教授は船舶の燃費向上の研究をしていたが、それを知った学術会議のメンバーは北大総長室へ押しかけ、防衛省の安全保障技術研究推進制度への応募を止めさせた」と。自分達が批判されると「学問の自由の侵害だ」などと言いながら、学問の自由を最も阻害しているのは自分達ではないかと。

夫　中国が二〇三五年には核ミサイルを千五百発保有の予定とは言った。同じく二〇三五年にはＡＩや量子技術など次世代情報技術で覇権を握り、中国の技術規格を国際標準化させて技術立国にするのが目標だという。

経団連には上海電力のほかファーウェイ、百度、ＴｉｋＴｏｋの親会社のバイトダンスなど米国がスパイ企業と排除を決めている中国企業も加入している。

二二年二月二〇日「極超音速技術が中国に流出した」との読売新聞の報道。東北大の中国人研究員がＪＡＸＡの施設に出入りしていたと。中国は自前の宇宙ステーション「天空」を完成させたけど、日本の研究や技術もかなり流出しているはず。これが仮に国費留学生の残留組だとしたら？

二二年十二月十四日の「産経新聞」には、ラピダスがＩＢＭと提携して2ナノの半導体を量産したいとの報道。二三年四月二六日政府はラピダスへの二千六百億円の追加支援を決定したけど、同年六月十六日には国立「産業技術総合研究所」の主任研究員の中国籍の男がフッ素化合物の研究データの情報漏洩で逮捕。ユルユルな情報管理に、怪しげな政治家や官僚達。ホントに大丈夫か？

まさか、米国ではなく、中国の技術立国に貢献する日本？熊本はその抜け穴？スパイ容疑で国民を拘束したり尖閣に圧力を掛けてくる国に？こんな状態なら中国が日本に軍事侵攻する場合米軍は撤退するよ。僕ならそうする。そして主要な施設くらいは破壊する。日本自らが中国の影響下に入る方向に動いているんだから。熊本も北海道も沖縄も今や中国の半植民地のようなものだろう？熊本では北京語の教育まで始めているんだし。

岬　北海道でもそういう学校はあるって。

維新の地元の大阪では二一年十二月中国武漢との港湾パートナーシップを締結。吉村知事は中国の金融資本を誘致の方針。中国への利益誘導ながらダブル選挙で完全勝利。

愛媛県西条市でも広大な農地を中国資本が取得。参政党愛媛県議あさぬま和子さんは「これには行政が係わっているようだ」と…。

親中派で有名な「二階俊博さんの部屋には中国人が列を為している」と青山繁晴さんは言ってたし。それに、何の嫌疑も無いのに東京地検に呼び出された深田さんは「この国の闇は結構深い…」って。

夫　あの安倍さんが暗殺されたくらいなんだよ。日本はもう殆ど乗っ取られた状態。

あの事件を山岸容疑者が一人で計画、実行したというのはかなり無理がある。僕は警察を含め、現場にいた半数以上の関係者も怪しいと思ってるし、複数犯の可能性を考えている人達は多い。外国人が含まれていたら尚更だろう？国外逃亡されれば全容解明なんて出来るはずがない。

安倍さんが**「日本を取り戻す」**と言ったのはこんな状態だからなんだよ。

情報は自分で集める時代

岬　改めて思うけど、日本はホントにボロボロの状態なんだね。政治家も官僚もみーんなおかしい。財務省も安倍さんに森友学園の土地売却の報告は上げてなかったようで。それであの「もりかけさくら」の大騒ぎなんだから。最近は「外貨建ての国債」とか？

夫　防衛力を拡充しなければならないのに政府は十三兆円も

減額したしね。電気代は値上がりする一方で原発の再稼働も不明。税収を増やすことより税金を上げることにしか興味がないのが財務省で、こんな状態で出生率が向上するとでも？

しかも政府は自衛官の増員の予定は無しと。その本気度さえ疑われる。

岬　ホントにね。先に述べた元警視庁の坂東忠信さんは「在日外国人の犯罪は公表されない」って。ＴＳＭＣに関しては経産省も県も箝口令が疑われるし。コロナ被害が深刻だった二〇年頃の厚労省も「入院患者に外国人は何人居るのか」明らかにしなかった。

妻　確か群馬県の山本一太知事は「入院患者の七〜八割は外国人」とツイートしてたけど、これも数日で削除。当時は特段の事情ということで入国した外国人達も居て「医療目的での入国では？」、「日本人の税金で何故外国人を治療しなければならないのか！」と多くの人が怒心頭だった。

最高裁で違憲判決の出ている外国人生活保護もね。年間約一二〇〇億円。支給額は国民年金よりも高額で、医療費もタダ。元財務官僚の高橋洋一氏は「外国人生活保護の約三分の二は在日韓国人」だと。仮に生活保護を受けながら反日活動をしているとしたら？中国には「日本では子供の教育、年金、医療などあらゆる社会保障を享受できる」と配信している移民ブローカーも居るようで、私達の税金は外国人に吸い取られて行くばかり。

岬　安倍さんは萩生田さんの事を評価、信頼していたような話も聞くけど？

夫　菅さんもそうだけど、萩生田氏も信頼はできない。ＬＧＢＴやＴＳＭＣの件でも明らかで、何よりそれまで合格していた『新しい歴史教科書』を一発不合格にした時の文科大臣が彼。

確かに、検定方法が変えられたことはあったようだが、しかし文科大臣の重要な役割の一つが将来を担う子供達の教育にあるのは間違いない。

妻　私達素人だって心配しているのにね！

夫　ホントだよ！しかもそれは安倍さんの「戦後七十年談話」の後なんだよ？

菅さんはね、中国の王毅外相との会談の際尖閣の事に全く触れなかった。

新聞などの報道では「中国公船の尖閣への領海侵入は〇〇

日」としか報じられないけど、実際は違う。ネットの「CH桜 尖閣諸島漁業活動」では度々尖閣の漁場まで出漁しその実情を知らせてくれるけど、領海侵犯とは言っても実際は魚釣島の一番近くに中国船二〜四隻が居座ってるような感じ。時には漁船を追尾して漁の妨害行為まで。

同様に出漁した際の映像を配信してくれる石垣島の仲間均市議は、「自国の領海なのに漁師を護ろうともしない。国は恥ずべきだ！」と吐き捨ててた。

二三年になって石垣市が実施した資源調査での映像は地上波でも流れたと思うから、中国船が常駐しているのは少しは分かったかもしれない。

それに菅氏は竹中平蔵氏とデービット・アトキンソン氏を委員とした「成長戦略会議」を設立したこと。

以前「バブル経済の処理に失敗した」ことは話した。それにより多くの企業が外資の手に落ちた訳だが、その時の経済財政政策、金融相などを歴任したのが竹中氏（首相は小泉純一郎）。結果社会への貢献を重視する日本型経営から株主の利益を最優先する米国型経営に転換し派遣社員が激増。給料は上がらず、将来設計も描けず少子化の要因にもなって居るわけだが、自らは派遣会社「パソナ」を設立、取締役会長に収まった（二二年退任）。

一方アトキンソン氏は米国のメガバンクJPモルガンの元社員で、バブル後の日本の不良債権を安値で買い漁った人物。「日本の中小企業は半分でいい」とか「日本は観光立国で良い」と言っていたという。IR法案はその路線に乗った施策だと思うが、現在の日本はそんな風になっているとは思わないか？

日本企業の資産が買い叩かれていた時僕は「日本人の奴隷化計画」かと思ったけど、その時の人物をブレーンにするとは？それにアイヌ問題もあり、また此度日韓議員連盟の会長にまで。まさか「日韓トンネルの推進」とか？？？

岸田さんがこの成長戦略会議を廃止した点は評価できるけど、二二年一月からはRCEPが発効。土地やビルなどの不動産に加え、飛行場などのインフラが民営化という名で外資に買い占められるのではないかと。

妻　関西国際空港も民営化されていたってね？一社は外資で、竹中氏は別の国内企業の役員でもあった（二二年退任）。

夫　このままでは日本人は米中資産家達の奴隷になるのでは

ないかと不安にもなるが、そのお先棒を担いでいるのが政治家や官僚達というのがこの国の実情。何しろ現政権は中国の孔子学園の閉鎖どころか海外警察に関係する松下議員の処分も出来ないんだから。

妻　菅さんがガソリン車の廃止を発表した時は「トヨタも日本脱出か？」と不安になったけど、広島サミットでＣＯ２の削減に繋がればハイブリッドなどでも可とする方向になったようだから少しはホッとした（「あさ８ニュース」Ｒ５・５・２４ゲスト加藤康子／大高未貴）。

　ＥＶ車移行は欧米のトヨタ潰しだと言われていた。トヨタほど優秀なエンジンは造れないから。ＥＶ車のバッテリーは中国製が世界市場トップ。現在の補助金は七～九百億円位だけど、同様の措置で全車ＥＶとなればどれだけの利益が中国に流れたことか？

　かつての李鵬首相が「どうせ二～三〇年もすれば無くなってしまう国」と言ったのが一九九五年。二〇二五年がその三〇年目。二〇〇七年国連の「先住民族の権利宣言」はアイヌ問題だけでなく、沖縄の琉球自治区問題にも繋がると見るべきなのに…。

岬　頑張ってくれてる人達も居るんだけどね。政治に意識を向けない人が多過ぎる。ネットは使ってても政治系を見ない人は多いもの。人気動画の再生数百万回超えは珍しくないけど、政治系では数万回が普通で、十万回を超えるのは珍しい。

　今は**情報は自分で求めなければならない時代**なのに、それに気付いていない人達が…。

ネットでないと現実は見えてこない

岬　日本人は米中の奴隷にと言ったけど、今の日本政府も国民を奴隷ぐらいにしか思ってないんじゃない？外国には気前よくお金をバラまくけど、国民には増税、増税で所得の四八％が税金。日本から世界的に優秀な企業が無くなれば更に税収は減るのに。

妻　政治に意識を向けない国民が一番悪いのよ。上海電力の問題も考えてもそう。税金がどのように使われているかチェックしないと。今の中国は日本を食い物にしないと経済が成り立たないんじゃないかと思ったりもするけど、そういう見方も国際情勢に意識が向いているかどうかだから。

夫　元駐ウクライナ大使の馬渕睦男氏が言われていた。「四十九対五十一で動いて行く。それが政治なんだ」って。ある案を通すには何かで妥協せざるを得ないということだろう。議会で多数派を占めないと国民の意見は反映されない。

岬　それにはマスコミの偏向を何とかしないと。今では国政や自治体の首長だけでなく、地方議員も中国工作のターゲットになっているのは間違いない。地方議員の合同会議にも旧統一教会が関与していたっていうし（朝日新聞デジタル23・1・3）。

少なくとも自治体の首長を誰にするかで私達の生活は大きく変わること位は自覚して欲しいけど、マスコミがこんな状態じゃーね。

夫　だね。冒頭で話した台湾への米国の対応の変化も、その経緯を知らない人は何故台湾の人が銅像を建てて安倍さんに感謝しているかも分からないだろう。

二二年末、「困難女性支援法」に基づく東京都委託のNPO法人Ｃｏｌａｂｏという団体がネットで不正会計を追及され始め、共産党との深い関係性も浮上。

「男女共同参画事業」に連なるこれらの団体の左派色の強さは当時維新の会に所属していた杉田水脈議員が、二〇一四年五月九日の内閣委員会で「地方公共団体と無駄に重複する活動もあり、事務所に左派色の強い冊子ばかりを置いているような団体に利用される税金なら止めた方が良い」と追及。

過去の発言で猛バッシングを受け辞任した氏は総務省の行政評価局の担当で、辞任後の二二年一二月二七日「二三年初頭からこの『男女共同参画事業』を調査の対象にする予定だった」とツイートしてた。

岬　この法人の関係者の牧師が薬物使用で逮捕されたけど、代表の仁藤夢乃氏の年収一八〇〇万円他不正会計で住民訴訟に発展。その間もこの団体が韓国の元慰安婦の支援団体と関係があり、ドイツの慰安婦像設置の後援者にも名を連ねていることや、沖縄辺野古基地での座り込み活動などが代表自身の配信した画像で露呈。おまけに同法人には「赤い羽根募金」の福祉基金から三年間で二六八〇万円の支援があり、更に三百万円が追加。赤い羽根募金の理事には反安倍運動をしていた市民活動家で同志社大教授の存在。善意の募金が反日活動の資金に流用されているという実態。

北海道の小野寺氏によると、この「赤い羽根募金」や「緑の羽根募金」は、羽根自体は中国からの輸入で数億円の支払い。しかも「緑の羽根募金」は日本ではなく、中国の植林事業に使われていると。

トリエンナーレ展のように、私達の税金や子供達の善意の寄付までもがＮＰＯ法人を隠れ蓑にした一部の反日勢力から国外にも流れ、活動に利用されているのは余りにも酷い話。今の所地上波では報じていないようだけど、この怪しげな法人は他にも三団体。いずれも監査請求は認められたようで、都側の対応も疑念を抱きたくなるほど鈍かった。

夫　反日団体のあの動員力は何処から来るのか不思議だったけど、税金や寄付金が反日団体の資金源になっていたかも？　だね。

杉田氏は慰安婦問題で国連人権委員会に出席し、日本の名誉を守るべくクマラスワミ報告の撤回を求めるスピーチを行ってくれた人。

二三年三月になって高市早苗経済安全保障担当大臣の総務相時代の行政文書なるものが流出。この文書は原形をとどめないほど書き換えられていることが国会質疑で判明したが、その後も得意の切り取り報道で高市氏非難を続けるテレビ局も。

高市さんが取り組んでいるのはセキュリティ・クリアランスの問題（重要情報の保全や管理）。スパイ防止法の無い我が国で唯一その機能が期待できる法律。自民内部や官僚にも都合が悪い者達が居るのだろう。書類は野党へ流出したんだから。国会での全容が確認できるネット民はごまかせなくても、切り取り編集での印象操作は容易。かつての安倍氏の「もりかけ」や杉田議員と同じく事実の報道より論点をずらして徹底攻撃し、反論を封じて辞職に追い込むのが狙い。辞職に至らなくても国民に悪い印象を残すことは可能で、今後どうなることやら？

日本のマスメディアと反日左派勢力は一体であり、また韓国の李明博元大統領の発言からでもそれらが中韓勢力と連携しているのは確か。

これが日本のテレビ局の実態。だから我が家ではテレビ出演の多いコメンテーターは全く信用しないし、テレビ局が持ち上げる政治家も同じ。先に述べた河野太郎氏は親族が太陽光パネルの部品を製造する「日本端子」の経営者で、中国にも複数の工場があるのはネット民には周知の事。また北海道の天然記念物の生息する国立公園内のメガソーラーなどは当時の小泉進次郎環境相がその保全に乗り出すべき対象。

大阪の橋下氏は「北海道と沖縄を独立させなければデフレ問題は解決しない」と書物に書いているらしい。上海電力の件でも氏が親中派なのは確かなこと。大阪のIR。マネーロンダリングに都合のいい施設を日本に造る必要があるのだろうか？

岬 ホントにね。こうしたテレビ局の情報操作は米国でもかなり深刻で、二〇年の大統領選挙での各局のトランプ潰しキャンペーンも日本の「安倍叩き」と同様酷いもの。

この大統領選挙に合わせるかのようにコロナウイルスが蔓延していくんだけど、大統領選挙の郵便投票を実施させる目的で撒かれたのではないかと当初から疑われてた。アップル創業者の一人で大富豪のビル・ゲイツ氏はWHOの最大の資金提供者で（国連より多いという）、二〇一五年に米国の大学でパンデミックについて講演し「我々はまだその準備（ワクチン）が出来ていない」と。その予言めいた講演内容を知っている人達は「怪しい」って（YouTube TED Talks ビル・ゲイツで検索可）。米国の大手製薬会社の大株主は？

日本のように住民表が整備されている訳でもなく、郵便物が各家庭に届けられる仕組みでもないから不正の温床になると。イザふたを開けてみると、時間の経過とともに表示される得票数のグラフが、多くの開票所で深夜数万票も一挙にバイデン候補に入って垂直に跳ね上がり、トランプ候補に追い付いたり追い抜いたり。ネット民はそれを「バイデンジャンプ」って称んでたけど。集計器とパソコンが繋がっている映像もかなりあったし。

夫 選挙の不正を訴えていたトランプ陣営に対し、SNS大手のTwitterやFacebookは早々にアカウントを停止（使用不可）し、YouTubeまで厳しい検閲。

自国の大統領の言論まで封じるとは「逆に何を恐れているんだ？」との意見もあったが、都合の悪い論を封じるとは民主主義の否定に他ならない。

妻 有権者数は一億五千万人と言われるのにトランプ氏が七千四百万票、バイデン氏が八千万票なんてあり得ないよね。重複投票、死者や年齢不達者、域外者などの無資格者も含まれていたと。尤も選挙人制度だから当落とは直結しないけど、ネットで大統領選挙をリアルタイムで見ていない人はどれだけの不正が行われたかは分からないし、日本にとって重要な米国の情勢も全く把握できなければ政治的な判断どころではない。

我が家では誰もワクチンは打っていないし、今後もその予定は無い。信用できないもの。

夫　コロナとかワクチンを採り上げた動画はｂａｎされることが多いようだけど、中部日本放送「ＣＢＣニュース 大石」ではワクチンの後遺症と疑われる事例など初期から取材。十三歳の少年はじめワクチン接種後に死亡した例や、下半身不随、歩行困難、心筋症、倦怠感、皮膚疾患なども細かく採り上げ。被害者の会の記者会見や集会の動画もネット配信。

「健康情報発信チャンネル」では各国のワクチンの対応などの他、インドのテレビ局が二一年九月？頃に報道したというファイザー社とブラジルはじめ九か国との間で結ばれたワクチン供給契約も配信。その主な部分は

①　ファイザー社は政府に黙秘させる権利を有する
②　ワクチンの寄付先はファイザー社が決める
③　ファイザー社の知的財産権は放棄したので、政府が責任を取る
④　論争になった時、裁判所でなく民間の仲裁人が秘密裏に判決を下す
⑤　補償金は政府に出してもらう
⑥　数、配送スケジュールなどはファイザー社に決定権がある

つまりこの契約を交わした国の政府はファイザー社の承諾無くしてワクチンに関する説明はできず、またワクチンの副反応が原因だとしてもファイザー社には責任が無く、補償もしないとの内容。日本も同契約か？と。

岬　これはつまりワクチンではなく、治験薬としての提供だからだろうという人が居るね（治験終了２０２３・５・２）。

夫　この契約に関する動画は削除されてるかもしれないけど、我が家ではリンク先のインドのテレビ放送も確認。また「藤江４ｔｈＣＨ」や「野中しんすけＣＨ」では増加した死者数などの分析も。皆顔出しで頑張ってくれている人達。テレビより余程参考になる。

民主主義が機能するには冷静で客観的な報道が不可欠なのに、テレビで横行する切り取り報道の印象操作。政治的な意

図を持ち、視聴者誘導目的の番組など見る意味もない。ネットで内容を確認すれば直ぐにバレるんだから。視聴者のテレビ離れは当然で、民主主義の根幹である言論の自由を封殺しようとしているのは今日のテレビ業界なのだ。

ネットを活用しＮＨＫは解体へ

岬　旧ＮＨＫ党の立花孝志党首にはガッカリさせられることもあるけど、二二年の参院選で「テレビは核兵器より恐ろしい武器だ。何故なら視聴者を洗脳するから…」とＮＨＫの党首討論で言ってくれたのは良かったね。それに帰化した中国人が一億円出すから比例で立候補させて欲しいと持ちかけて来たことも暴露。視聴者も現状が少しは分かったかな？

夫　Ｃｏｌａｂｏ問題がどこまで報じられるかも注視しないとね。副都知事は交代し、関係部署の職員は全員移動になったがマスコミはダンマリ（二三年四月時点）。小池都知事は関係部署を閉鎖して逃げ切るつもりか？と。この困難女性の支援団体の呼びかけ人である厚労省の元官僚村木厚子氏は今度は「赤い羽根共同募金」の新会長に就任。

九兆円もある「男女…」の予算を防衛費に回せば増税なんかは必要ないし、自衛隊員の給与も倍くらいに上げられるだろうに。

妻　Ｃｏｌａｂｏ問題も暇空茜というハンドルネームを持つ一人の人から広まったんだから。訴訟に備え、賛同者からの援助資金は二三年一月時点で七千二百万円集まったと（あさ８ニュース・Ｒ５・１・１０）。影響力は決して小さくない。そう信じてコツコツ頑張るしかないよ。自公政権が執ってきた政策は日本の国を中国人へのサービス機関に貶めたようなものだけど、親中派の公明党やそういう人達が多く入り込んだ自民党内での安倍さんの頑張りを思い出しながら。

岬　解約する人も増えてきたというから、ホントに悪質なＮＨＫだけは何とかしたい。

高校の頃はまだテレビは見てて。安倍政権時代で（二〇一八年）、防衛費が五兆円を突破した頃。何の気なしに電源を入れたらＮＨＫが映って

「日本の防衛費がついに五兆円を突破しました。近隣諸国に如何に脅威にならないように…」なんて。

同局で政治的な番組をよく担当する男性キャスターが話し始めたところ。

その特集だったのか話題の一つだったのかは分からない。何せ電源を入れて出た映像がそれだったから、ムカついて直ぐに消した。

日本が防衛費を増やさざるを得なくなったのは中国の軍拡が原因なのは高校生だって知ってる。「視聴者を馬鹿にしている！」って。

妻　ホントにねぇ！

岬　でも話はそれで終わりじゃないんだ。
前に沖縄沖で中国の原子力潜水艦が国旗を掲げて浮上した事件があったでしょ？

妻　あゝ、尖閣沖で探知され二日間追尾されたってヤツね。

岬　それがあの放送をした二日後の事だったんだよ。

妻　？？？ということは、尖閣沖に侵入したその日にＮＨＫはその特集を組んでたってこと？

岬　そうなるよね。あまりのタイミングだったからよーく覚えてるんだ。

家で「ＮＨＫなんて要らない」って話をしてたから冷めた目で見るようにはなってて。以後ＮＨＫへの猜疑心がますます強くなった。

その後あの「優生保護法」。昭和天皇の詔書を映し出したヤツ。ちょっと気になるニュースがあったので点けたらそれが丁度映し出されて。この時もニュースだったのか特集だったのかは分からない。**「こうやって印象操作をするんだナ」**ってチャンネルは直ぐに変えたもの。

それから私はもうＮＨＫは見ない。本当に気分が悪くなるから。以後ネットで政治系を見るようになっんだけど…。国会でＮＨＫを追及するような質問をする議員も居るんだね。自民党の三宅博さんとか山田宏さん、有村治子さんや小野田紀美さんも。

ニュース番組かなんかで、日本がまるで中国に服従しているかのように中国の国旗を上に、日本の国旗を下にした映像。また平成から令和に元号が変わる際も、当時の菅官房長官が掲げた新元号に手話通訳の映像が一時重なったと。額縁の大きさとほぼ同じというからそんなの狙ってやらないと無理でしょうに！

世界遺産の長崎の「軍艦島」についても。戦後の昭和三〇年（一九五五）に制作した軍艦島の映像に、劣悪な環境だった別の鉱山の映像が使われていたみたい。それを平成二七年（二〇一五）にＤＶＤにして発売。韓国が軍艦島での「強制労働」を主張し始める切っ掛けとなったのではないかって和田政宗議員や山田宏議員。

そんなに古い資料を選び出して発売したんだから、かなり探したんじゃない？慰安婦問題もＮＨＫは外国に流していたというし。

二〇一八年の平昌オリンピックのカーリング女子の日韓戦。予選で日本が勝った時のアナウンサー達は「まるでお通夜状態」で、準決勝で日本が韓国に敗れた時は「満面の笑み」だったと。その動画は私も見たけど、**「一体どこの国の放送局だ！」**って。日本人が活躍すると面白くないんだね。

夫　反日デモは少人数でも大きく報道すると指摘する三宅博議員の「外国人を何人使っているのか？」との質問にも答えなかったし。

妻　ということは「居る」ということね。それも少人数ではない可能性が高い。

岬　米大統領選の時、ワシントンＤＣにはアンティファやＢＬＭなどの過激派が道路を随所で占拠し、複数の州で放火や破壊などの暴動が発生。米国でも過激派によって歴史上の偉人の銅像等が幾つも破壊され、中韓からの移民が多いカリフォルニア州のサンフランシスコ市では、学校名からワシントンやリンカーンの名前は使用しない運動が始まったと。

歴史の書き換えは米国でも起きている訳で、マスメディアとグローバリズム推進の政治勢力の結託は日米も同じ。こうした報道が為されなければ世界的に起きているグローバリズムの実態は掴めない。

夫　ウイグルでの人権弾圧もね。英国のＢＢＣ放送は二一年駐英中国大使をスタジオに招き、入手した映像を示しながら追及している番組をＹｏｕＴｕｂｅで発信。

ドローンで撮影されたと思われるその映像には、晴天の下、大規模な列車の停車場横で目隠しをされ、後ろ手に手錠？を掛けられて跪かされている二百人ほどの男性。頭を丸刈りにされた彼等が列車に移動させられている場面や、強制不妊手術を施された女性の証言も(「ＢＢＣウイグル問題」で検索可)。

日本のメディア関係者がＢＢＣの番組を知らないはずはないだろう。

それにもう七年位前になるか…。砂漠の中に建てられたウイグルの小規模な住宅街らしき動画。広い道路の両側に間隔をあけて建つ二階建ての計十棟位の住宅。自宅前なのだろう。砂塵が舞う中、道路と歩道の境目の段差の部分に呆然と座る十歳未満位の少年達がポツン、ポツンと三～四人。其処に、街の巡回なのか、一名は鉄パイプらしきものを持つ四～五人の中国人の青年グループが通りかかり（民兵？）、その中の一人が子供達を激しく殴りつける動画。子供は当然泣き叫ぶのだが、逃げることはしなかった。

あの連行される男性達。そして強制不妊手術を施される女性達。残された子供達も居るだろう。今思うと「大人達が居なくなってどうしたらいいのか分からなくなっていたのかもしれない…」と。

今この動画には行きつけないが、その住宅街からは人が住んでいるような気配は殆ど感じなかった。

岬　香港デモの弾圧もね。デモの始めの頃、十五歳位の可愛い女の子が全裸の水死体で発見。その画像を私も見たけど、泳ぎの得意な子だったらしく、皆「警察に殺された」って。その後のデモでも多くの若者が殺害されたようで…。

これが実情なのに、NHKはじめ日本のマスコミがウイグル問題などをロクに取り上げないんだから中韓の勢力下にあるのは明らかなこと。中国のCCTVと韓国のKBSの事務所はNHKの中にあって。KBSは分からないけど、CCTVは現在は都内の三か所に事務所を移転したと元警視庁の坂東氏。当然中国や韓国でもNHKの事務所はそれらのテレビ局の中にあるんだろうけど、こんな状態で中韓への批判的な報道ができるかどうか？

高校の頃はNHKが「国会中継を終わります…」って突然放送を打ち切っても何とも思わなかったけど、今では自分達に都合が悪い内容は放送しないようにしてるんじゃないかと。国会で追及されている場面なんか放送しないよね？それに気付いたのもネットで見るようになったから。

夫　ネットでは「NHKは中韓の工作機関」と言っている人も居るけど、僕も同意見。この中韓のテレビ関係者は国会の各分科会でどの議員がどのような質問をしているかは殆ど把握しているはず。我々国民より遥にね。

岬　二二年のNHKの予算は六八九〇億円。一方尖閣諸島で連日命がけで任務に就いている海保の予算は二二六一八億円

（二二三一億円＋補正三八八億円）。「ＮＨＫの予算が如何に膨大か」とくつざわさん。海保の予算は倍増するらしいけど、それでもまだ多い。

夫　職員の給与もね。ＮＨＫ職員の平均年収は退職金・交通・住宅等諸手当を含むと約千五百九十万円。民間の約三倍。会長と常勤の経営委員長は約三千百万円で総理大臣の年収とほぼ同じ。加えて二千万円以上の年収がある経営委員会の開催は年に二五日程度。視聴者から受信料を徴収し、国からの交付金まで受け取ってのこの給与水準。

英国のＢＢＣ放送は二〇二七年から無料だという。現在はどうか分からないが、五年に一度は存続か廃止かの国民投票もあった。日本では総理大臣に限らず最高裁判所の裁判官でも国民審査を受けるのに、この給与水準でもＮＨＫは国民審査を受けることはない。おまけに二倍の割増金やスマホ課金の方向性などと。国民が反発するのは当然だろうに…。

妻　二〇二二年の決算では有価証券約一・三兆円、現金で約二千六百億円、独自の年金基金約一兆円を保有と（日本改革党のくつざわ氏）。冷静に考えて、視聴者の受信料や税金で運営してきたんだから、こうした資産の所有権も国民にあるはず。私達はＣＣＴＶやＫＢＳの事務所をＮＨＫ内に設置することに同意した覚えはないし、またその逆も同じ。これに同意した経営委員会はその説明はすべきだし、ＮＨＫも視聴者にその旨を報告すべきでしょうに。株主は国民なんだから。もし政府に報告しているなら政府は新聞等でもその旨を国民に知らせるべきよ。

夫　現在のＮＨＫは職員の募集に「国籍は問わない」としているらしい。「新聞は商業主義だから良いが、電波は公共物だから外国人は駄目だ」と元外交官の馬渕睦男氏。

重要文化財を破損させたり、規則違反の予算を計上したり。埼玉県川口市で深刻なクルド人の不法行為は報道せず、不法滞在者を正当化するドラマを制作。ＤＶＤにした軍艦島の映像検証でも元島民の参加は無し。紅白に韓国の歌手が出場というのが分かるよね？日本人がやってるのか怪しいもんだ。此処まで視聴者をバカにしているんだよ？

立花氏は選挙特番で「解約者を増やしてＮＨＫをぶっ壊す」と訴えてたけど、ＮＨＫは一度解体し、系列会社やその経理状態、また何人の外国人がどの番組制作に係わっていたかなど国民の前に明らかにしないと。Ｃｏｌａｂｏ問題で明らかになったけど、ＮＨＫの歳末助け合いの募金もチェックした方が良い。それくらい信用できない。

　我が家では既に解約しているが、立花氏の言う通り今のテレビは国民の洗脳工作機関に過ぎない。これは米国も同様で、イーロン・マスク氏がツイッター社を買収したことで、大統領選挙時の同社の世論操作が如何に酷かったかはネットで報じられている。また二二年十一月の世論調査では、米連邦政府は秘密結社（筆者注・政府とは別の組織）に操られていると考えている有権者が四〇％以上という結果。二三年に入ると、米下院は共和党が多数派を獲得したことでバイデン氏の機密文書持ち出しが発覚。その後大統領選後の議会襲撃事件の映像が流され民主党のヤラセ疑惑が浮上。バイデン氏の息子のハンター氏も六月に起訴。日本の地上波が何処まで報じるか？

岬　ＮＨＫはじめ日本のテレビは米国で放送されている内容をそのまま伝えているだけだもの。大統領選挙時、過激派などへのインタビューも含め、危険を侵しながらライブ配信してくれた我那覇さんに「ＮＨＫは我那覇さん一人にも敵わない」とのコメントがあったほど。この五月のニュース番組では「**ワクチン**遺族」を「**コロナ**遺族」として報道したらしく、その謝罪をテレビではなくＮＨＫの公式ツイッターで済ませたと。

夫　日本のテレビなんて今では特定の政治勢力の手先。ウイルス問題にしても言論統制が掛けられているようだし（宮沢孝幸京都大生物学准教授・資後述）。国民は外国人の影響を受けた番組を見るために受信料を払っている訳じゃないよね？国民から金を集めて反日工作を続ける公共放送ＮＨＫの悪質さを見抜き、国民の意思で解体へ追い込まないと日本の未来は拓けない。切り取り報道を信じ込む人達と、ネットで事実確認をする人達。

認識が真逆になる程の偏向報道は最早「犯罪行為」ではないか？

「スパイ天国」の次は「暗殺天国」？

岬　今聞いたウイグルの子供達。日本人がいつまでも政治に意識を向けないとあれが日本の近い将来かな？

夫　欧州で唯一「一帯一路」に参加しているイタリアでは、ローマやミラノなど北部の地域でイタリア警察と中国警察が年に数回共同パトロールを実施していた。イタリアには中国からの移民が多く、北部の縫製工場等で就業。移民の増加で治安が悪化し、また中国からの観光客も年間約三百万人と多かったための施策。しかしこの合同パトロールも、中国の外国警察の存在が明らかになった二二年には停止されている。

妻　一方日本では、中国の警察組織どころではなく、北海道や熊本ではそんな風になるかもね。Ｃｏｌａｂｏの問題を追及している人が何故ハンドルネームを使用しているのか？

　それは命の危険があるから。安倍さんの事件を報道の通り単なる殺人事件としてしか認識していない人が多いけど、日本の闇が如何に深いかということ。

岬　ホントだね。あの深田さんも「私も怖いけど、でも私は自分の国を失う方がもっと怖い」って。その深田さんが安倍さんの事件の時、「日本は『スパイ天国』の次は『暗殺天国』になるのか！」って。自嘲気味にね。岸田さんも狙われたけど、テロリストに甘いマスコミの報道も無関係かどうか？爆弾製造の解説までした番組もあったというし。

　それを承知で新しい動きを始めてくれている人達も居る。ＮＨＫへの反対デモ主催しているくつざわさんもそうだし、参政党は地方議員も増やしつつある。元創価学会員だった長井秀和さんは二三年一月市議会議員に。北海道や沖縄でも現状を伝えるべく頑張ってくれている人達。こういう人達はみんな命がけの面がある。私達はこういう人達を出来るだけ応援してデモに参加し、投票するくらいしか出来ないけど。

妻　我が家では従来通りテレビによく出るコメンテーターなどは基本的に信用しないし、頻繁にＣＭを入れてくる企業も同じ。そういう企業の製品は買わないし、絶体利用しない量販店も幾つか。庶民に出来る細やかな抵抗だけど、それを貫いていくだけ。

夫　他にも出来ることはあるよ。出来ればだけど、お前は**「予備自衛官」**になってくれないかと。ウクライナやウイグルで起きていることを見れば分かるだろう？

「日本をメチャクチャにしてやりたい！」

というのが徹底した反日教育を受けている中国人の本音らしい。

　無論善い人達も居るのは分かってる。だが中国は国防動員法を成立させているからね。だからこそ、気付いている人からでも始めてくれないかと。年間四〇日位の訓練を受ければ良いはずだから。自分自身を護るためにも。最早日本政府は信用できない。

妻　あの川口市のクルド人問題も、二三年五月に自民党の市議団が国に対策を要請したほど。それだけ日本人の生活が脅かされているのに、政府は外国人優遇を推進。もう自警団が必要かも…。

今の国際情勢を考えれば改憲案の「緊急事態条項」は必要だとは思うけど、国民を騙し続けてきた自公政権下では賛成できない。何をされるかわからないもの。

岬　そういえばあの我那覇真子さんは予備自衛官だったね。それに「志願して！」と呼びかけてるジャーナリストの葛城奈海さんも。女性の自衛官も居るんだし。台湾も女性や高校生の軍事訓練を始めると。

徴兵についてはどう思う？葛城さんは徴兵推進派だけど、青山繁晴さんは「現代の軍隊は夫々が専門職で、技術を習得するのに長期間要するから徴兵制はない」と言ってた。

夫　専門職というのは事実だろう。でも徴兵は必要ないというのは賛成できない。僕は徴兵制が最良だと思ってる。

二二年の自衛隊員は陸、海、空計二三〇、七五四人で充足率約九三％。予備自衛官は三三、八五〇人で充足率は約七〇％。これが実情。無人化を進めるとは言っても数年で出来るわけはないし、自然災害も多い。日本が独自で防衛できないのは明らか。

ただ日本の場合、工作を目的として帰化した者達の存在がある。少なくともそうした疑いのある存在がね。今では省庁の役人も怪しいんだから。予備自衛官は後方支援や国内治安に当たるから志願してくれるのが一番良い。

妻　確かお義母さんは「戦争する目的ではダメだけど、教育という観点で捉えればあゝいう教育も必要だ」って言ってたよね？学校の先生だったからかしら？

夫　母は大正時代の終わり頃の生まれだからね。兵役を終えた人達は結構見ていたはず。「公」という精神を重んじた当時の教育。人間として一本筋が入り、日本人として逞しく成長したような。そんな雰囲気は感じていただろう。

岬　訓練を受けると人は変わる？

夫　変わると思う。ただ僕はグループで参加した二週間の体験入隊だから、体育会系の合宿と同じ。起床、朝礼、食事、基礎体力などの集団行動。でも施設内で隊員達と一緒だし、一日の始まりと終わりが国旗と共にあるからか、従来よりもっと日本の国情に意識が向くようになった。それに、訓練で隊列行進するときなどは人員だけを見るのではなく、隊列の外側までしっかり目を配る事が自然に身に付いた。学校の先生も訓練すればいいのにって。生徒の引率に役立つはずだから。

岬 国旗を掲揚するのって大事なんだね。

夫 自分の国を意識するからね。

訓練というのをマイナス面で捉えてはダメ。それは逆なんだ。プログラムに沿った訓練を受けるというのは、自分の身を護る技能を身に付けるという事。自分の身が護れないのに子供や高齢者が護れるはずがないだろう？従って、訓練を受けた人には落ち着きがあるように思う。日常生活でも不測の事態は起きるものだという心構えが備わるから。

ましてや安倍さんの事件で分かると思うが、今国内にはどれだけの武器が隠し持たれているかは分からない。日本は既にそんな状況。出来るだけ多くの人が射撃訓練も受け、イザという時には自衛隊の後方支援と国内治安に当たる準備をしてくれないかと。

六〇歳以上でも元気な者は射撃訓練可能となれば僕は参加するけどね。まだ身体は動くから。自動小銃も使えないようでは、女子供どころか家族も護れまい？

妻 それが結果的に抑止力に繋がるのよ。兵員の充足率が。防衛省は増員したいけど人が集まらないから増員しないと言ってるだけなの。

岬 かなり前向きに考えるよ。女性としてあんな目にあわされながら殺されるのはイヤだ。日本は島国で、何処にも逃げ場は無いんだし。やはり国は国防が第一だよね？

夫 当然。それが国家の基本。言ったように、軍隊が崩壊すればその国は終わり。だからウクライナでは女性達も一緒に戦っている。

もういい加減「戦うことは悪だ」という戦後教育や共産主義に同調したマスコミの洗脳からは目を覚まして。元々日本は武人が国を治めてきた国柄。元寇の時も、戦国時代のキリスト教布教を背景とした植民地化から護られたのも、幕末以降列強の武力侵攻から護られたのも、国を護るために戦ってくれた多くの先人達が居たからなのは確かなこと。

妻　戦前の教育が如何に正しかったかということよね。自信と誇りのある国家観を育むのは教育の基本中の基本。どうしても憲法は変えなければならない。

岬　確かに。今の日本を観ていると議院内閣制の限界を感じる。地方の代表者が国のリーダーも兼ねる体制では理財に長けた人物が実権を握ると話したけど、その通りだから。話してきた諸々の問題をクリアするには大統領制にし、行政権は立法権とは別に国民が直接選挙でリーダーを選ぶ体制に変えないと。このままでは私達の税金は外国人に食い尽くされてしまう。上海電力を考えてもそうだよね？再エネ賦課金が何故中国の国営企業に流れるの？それが政治資金になる可能性だってある。パーティ券を購入すれば済むんだから。これに手を付けずに少子化対策？おまけに増税！もうそんなに持たないよ。

夫　変えれば上手く行くとも言えない。県知事は直接選挙なんだし。もっと酷くなる可能性もある。それに経済界は外国人大歓迎だろうから。

妻　でもそれは自民案でも同じじゃない？自民党の改憲案では憲法改正は過半数となっているんでしょう？移民政策を考えればもっと悪くなることだってある。結局は有権者次第。流れを変えることで可能性が生じるならその方がまだ良いよ。

夫　……再エネ政策の停止や外国人の生活保護禁止、それにNHKはじめテレビ局の外国人採用の禁止とかやらなければならないことが多すぎるんだけど、それにはまず国家の基準を明確にしてから。

日本の国は先祖代々税金を納め、文化を護り通してきた日本人のもの。その利益が護られることを絶対的な基本とした上で、

・国家情報局の新設

この点は青山繫晴氏等も提言。日本は情報部門が脆弱。各省にある情報部門をNSCと統合、一元化した体制に。

・国家警察、内務省の復活

日本には米国のFBIに相当する警察機構が無い。有本香氏もこれを指摘しているが安倍氏の暗殺事件も無関係ではなく、過激な思想集団を監視、摘発する国家機関は不可決。現状の公安関係の警察組織を統合すれば十分可能で、関連してスパイ防止法を制定し大臣を配置。

・ＮＨＫの国民審査
最低でもＮＨＫに五年に一度存続か廃止かの国民審査を。高額な給与体制でありながら国民の審査も受けないのは不合理。最高裁の裁判官の審査と同時に実施。

・自衛官の待遇改善
現状国家機関で一番信頼できるのは防衛省。他省の信頼度はかなり低い。従って自衛官の給与は増額して増員を図る。特に予備自衛官は最低でも月額五万円位にし（現行四千円）、地方で農業や漁業、林業などに主に一次産業に携わる人達に参加を要請。税制優遇して屯田兵のように。

・地方分権の徹底
既述した国家機関を強化した上で地方分権の協議を。地方の活性化には地方分権、つまり地方に人が残るような仕組みが必要。国は国防、外交、教育、金融など最小限で強力な機能を保持。自然災害の多い我が国では各自治体が何時でも国の代行が出来るくらいの体制を整えておくべき。首都直下型の大地震に見舞われたら、また東京が核攻撃される可能性も。国は最悪の場合も考えた体制を布いておくべき。

・地方分権に付随して
収税方法は変えた方が良いかも？税金は国と地方とに分けて収めるのではなく、全て各自治体に収め、国が国税負担分として各自治体から徴収する仕組み。交付金や補助金、それに官僚の天下りなど税金に群がる体制を変えないと税金の無駄遣いは減らないし、人材も地方に残せるのではないか。

・選挙制度の改革
地方分権が進めば、国会議員は減らせる。現行の小選挙区比例代表並立制は廃止。日本の政治が進まなくなったのは小選挙区制を採用してから。選挙区で落選しても比例代表で復活できるとは有権者の選ぶ権利を奪うもの。元の中選挙区に戻すべき。

投票用紙も変えた方が良いのでは？開票結果に疑念を持つ人は多い。記入方式は止めて、候補者全員の氏名を印刷した用紙に○印をボールペンで記入。

・帰化の厳格化と帰化人の選挙権、被選挙権に関する制限
徹底した反日教育を行っている国もある。帰化する際は日本の憲法、法律を遵守し、伝統や文化を尊重する旨日本国

への忠誠を誓わせること。

選挙権は帰化して十八年後、被選挙権は帰化して三世代目から。日本の文化や天皇に関する取り決めにも係わるため被選挙権は厳しく。

二重国籍を認めていない日本では政治家が公式に国籍を開示するのは当然。公務員の国籍条項は復活し、帰化した人の国家公務員採用には被選挙権くらいの制限を設ける。採用試験合格後の帰化も可能なら国家転覆に繋がりかねない。芸名使用の政治家は本名も併記。

他にも宗教法人への課税や外国人留学生に依存した学校法人の見直し、文化財棄損や窃盗の厳罰化、イジメや隠蔽体質など学校教育の根本的見直しとかやるべき点は膨大だが、先ずは**日本人自らが国家の構成員であることに目覚めないと**何も始まらない。

ダボス会議とＬＧＢＴ問題

夫　今言ったのはただの絵空事だけどね。だが今ではインターネットのライブ番組でも内容次第で妨害されることが多い。徹底した言論統制が布かれてしまってはどうすることもできないから。

岬　国の在り方を考えるのは大事。国民主権なんだから「国民の方が先に進んでいないと」。「参政党」は「創憲」と言ってるから国は一度リセットすべきとの考えだろうけど、「天皇を中心とした国」というくらいでイマイチ具体性が…。ただ農業はじめ一次産業は大切にする方向だし、ＩＲや再エネ事業、教育とかワクチン問題なども我が家の考えと近い。

妻　教育は変えないとね。軍事侵攻されたら「すぐ降伏すればいい」と思っている人達は戦後「米ソ冷戦の激化によって米国が占領政策を転換せざるを得なかった」って知らないんじゃない？元々は最貧国に落とすつもりだったのに。共産主義に対抗するには太平洋の防波堤としての日本は必要だった。だから復興にも協力した。そういう事なのに…。

夫　近代も知らない政治家が多いとも聞くね。以前話した朝鮮の三・一独立運動時の死者数。七千六百人以上と言ったけど、数年前、総督府の資料として「死者五五三人」と産経新聞の記事。元の人数は吉川弘文館『国史大辞典』他の引用なんだけど、此方の方が正しいと思う。今ではこうした文献資料だけでなく、文科省自体が歴史捏造に加担しているんだから。「教科書にウソを書く国は滅びる」。それを地で行ってるのが今の日本（後述参照）。

　違憲の疑いもある私学助成金制度下で違法な天下りを斡旋する文部官僚。ＮＨＫなどテレビの問題は総務省。女性が危険に曝されかねない性自認の問題などは厚労省。改革が進まず国民の負担が減らない要因の一つが官僚の天下り。そうした弊害を見直すにも大きなテーマを掲げてみてはどうかなと。大統領制という直接民主制へ移行するには客観的で偏らない報道が不可欠。従って「電波という公共物への外国人の関与は不可」との議論を進める名分は立つと思う。また「スパイ防止法」は絶対に必要だと思うけど、それも国民の直接的で圧倒的な支持が背景に無いと難しいかな？と。

妻　今農家の人は大変らしいよ。「政府は酪農や水田耕作も潰すつもりのようだ」とネットに上げる人が多くなってる。高齢化が進み、円安で飼料なども高騰。生乳を廃棄したり廃業する酪農家も。政府は外国からの乳製品は輸入する一方、乳牛処分のために補助金を支給。自給率も低いのに、異常気象や戦争が長引けば日本はすぐ飢餓状態になるって。

夫　カロリーベースの計算で自給率三八％。だが各国が採用している市場価格（生産額）ベースだと六三％位。高い方ではないけど、極端に低い訳でもないと元財務官僚の高橋洋一氏。農業政策は地方に任せた方が上手く行くようにも思うけど。

岬　農業の問題も自然エネルギーの問題も結局は同じじゃない？二三年一月世界の大富豪達のダボス会議。あのグレタさんがドイツ警察に拘束されるニュースが流れたようだけど、あれはヤラセで、ネットには後で警察官と一緒に笑顔で写真に納まる動画が…。

　地球温暖化の傾向はあるけど、ＥＶ車同様要はダボス会議に集まる大富豪達や中国共産党の「金儲けの仕掛け」。沖縄の我那覇さんはオランダの酪農家やスイスのダボス会議も取材。ＳＤＧｓとか脱炭素とか言ってまじめに取り組んでいるのは日本だけで、もう欧米では終わっていると。ＥＶ車も欧州七か国で既に綻びが見え始めていたし…。

　この大富豪達が掲げたもう一つのテーマが食糧危機。意図的に農業を壊滅させ、人造肉や昆虫食を広めるつもりだと。

学校給食でもコオロギの粉末の入った食事が提供され始め、ネットでは**「子供から手懐けるのか！」**とかなりの反発。独自の技術や伝統もあり、美味で健康的と国際的に人気が高く、世界遺産登録の食文化を持っているのに？コオロギにはプリン体が多いとか、漢方ではコオロギは妊婦には禁忌との記述もあるとか。

　色々意見はあるけど、我那覇さんのレポートでダボス会議の内幕を知っている人達は皆その狙いは分かっている（後述資料参照）。この会議には経団連加入企業の経営陣や著名人の他、政治家では河野太郎、小泉進次郎、西村康稔の各氏が参加。竹中平蔵氏は会議の役員らしい。パフォーマンスを見て「なるほど…」と思う人も居るんじゃない？

夫　今起きている「選択的夫婦別姓」「移民推進」「ＬＧＢＴ」などの風潮も言ったようにこのグローバリスト達の仕掛け。**女性用トイレ廃止**の方向でも分かるように、「差別」と言いながら従来の文化・社会秩序の破壊が目的。

　何故なら、この同性愛者など性的少数派への差別は欧米などキリスト教社会の話であって、日本には存在しない。戦国武将の男色は一般的だったとも言われるし、歌舞伎の女形や女性だけの宝塚歌劇団という舞台芸能もあるんだから。

　米国でのこの問題はオバマ政権下の二〇一五年「同性婚が合法化」され、翌一六年全国の公立学校と大学にトイレや更衣室を自身の選択で利用できるように配慮を求めたことが発端。トランプ政権下ではこれらの施策は撤回され、バイデン政権は再び多様性の重視。

　その後二一年に高校のトイレでジェンダーの十五歳の生徒がレイプ事件を起こし、転校先でも再び犯行。本人は当日スカートを着用していたとも言われ、父親は「本人の（男女の）性自認は日によって変わる」とも話したという。

　こういう危険性があるから日本でも反対意見が多いのだ。盗撮もあるんだし。

岬　政治活動をする外交官など聞いたこともないけど、米ラーム・エマニュエル駐日大使が誰の代弁者かは明らかだよね？我那覇真子さんは米Ｆｏｘニュースに出演して「日本には性的マイノリティーへの差別はなく、テレビ番組を持つ者も居る」と説明。「同大使の行動はＬＧＢＴイデオロギーの押しつけだ」と批判していた（資料後述）。

妻　ＬＧＢＴは岸田総理の案件ともいうね？公明党は大賛成

だし。六月に多数決の原則を破って無理やり法案を通したけど、法案成立後に「女性用スペースを護る法律を…」等と言い出した議員達が居り大批判を浴びている。現憲法の（改憲案も）十四条には「法の下の平等が謳われているから不必要な法律だ」と。

自民推進派の古屋圭司、稲田朋美、新藤義孝の各氏は一般社団法人「ＬＧＢＴ理解増進会」の顧問に就任（他に田村憲久、橋本岳氏）。つまりアイヌ問題や困難女性支援法などと同じく、既に利権化しているという事。

夫　法案成立前でも渋谷区の銭湯で外国人ゲイの風紀の乱れは出ており、都内の公園など屋外の女子トイレは減少。女装した男が女性用浴場に侵入する事件や鉄道の駅トイレでも同様の目撃情報が複数件。高額な学校用のＬＧＢＴ教材もそれ以前から販売されていたようで、既定路線なのは明らかだろうに。

岬　このＬＧＢＴ運動を強力に推進しているのは「自治労」らしい。「日本改革党」のくつざわさんは予算が九兆円もある「男女共同参画事業」には各自治体の役人の天下り先にもなっていると。今度は労働組合の天下り先？

夫　それはこの問題で立憲、共産党などの左派勢力やマスコミが女性達への危険性を全く訴えないことでも分かるし、こうした動きは直ぐに「同性婚」「戸籍の廃止」「外国人参政権」と繋がり、やがては女性天皇、女系容認と騒ぎ出しそうなことくらいは容易に想像できる。

米国では五人に一人の女性がレイプ被害に遭うという。法制化どころか、小・中学校での同性愛などの過激な性教育への反発から反ＬＧＢＴ法を成立させた州は十九州。欧州他世界陸連や水泳連盟などのスポーツ界も同様の動き（山谷えり子参院議員）。

高機能で評価が高い日本のトイレ。観光客が性被害にでも遭えば日本の安全神話はどうなる？女性や子供への性暴力や誘拐の危険性が高まるだけ。性暴力でも妊娠の恐れがある者とそうでない者を同等に扱えと？オバマ政権時の大統領補佐官の尻馬に乗って千年以上培ってきた文化破壊の手先と化しているのが政治家や自治体というバカバカしさ。欧米では男性器や乳房を切除した子供の事例もあるほど危険なものなのに…。

岬　ＬＧＢＴに反対する参政党の神谷宗幣議員は、二三年六

月一三日参議院で元ＦＢＩのクレーオン・スカウセン氏の一九五八年の著書『裸の共産主義者』を引用していた。その著書には

・米国の政党の一つ、もしくは両方を獲得する。
・学校を支配し、学校を社会主義や共産主義のプロパガンダの伝達ベルトとして利用する。
・マスコミに潜入し、書評、社説、政策立案をコントロールする。
・本、雑誌、映画、ラジオ、テレビ、映画でポルノや猥褻なものを宣伝し、文化的な道徳基準を破壊する。
・同性愛、堕落、乱こうを正常、自然、健康なものとして紹介する。

といったような内容。この者達の狙いは従来の伝統、文化、家族、共同体を否定し、少数派の意見を殊更先鋭化させて全体主義革命への土壌造りを目的としたもの。米国の過激派ＢＬＭの創始者二名もその訓練を受けた者達であり、「ＬＧＢＴやマイノリティーの問題は共産主義者による文化破壊工作」だろうとその反対理由を述べていた（引用資料後述）。

今の日本の問題点を考えると「全くその通り」じゃない？

妻　学校教育、地域社会、家族、伝統文化と、分断と対立を生み出してきただけだものね。そのうち女子大だけでなく、「宝塚や芸・舞妓にも入門させろ」と騒ぎ出すかも…。

夫　以前日本が対米戦を決意する切っ掛けとなったハル・ノートについては触れたよね？これを書いたハリー・ホワイトという人物はソ連の同調者で、米政府の中枢部にもソ連のスパイがかなり入り込んでいたと。

そして日本の左派勢力が「差別」「差別」とマイノリティーの権利を声高に主張し始めるのは、ソ連邦が崩壊し東西冷戦が終結した頃からだと。

共産主義者の浸透工作は日本だけでなく、米国でも継続。社会に対立を生みだし分断させるのは彼等の常套手段。世界を混乱に陥れた移民の創出。現在のフランスや米国はその混乱の極致。今度の標的は日本。

トイレや温泉、更衣室などで男女の性別利用を無くせば観光客は激減し、温泉旅館等は存続の危機。安値で買い叩くには都合が良いはず。

女性が安心してトイレも使えない。日本をそんな国にしたいようだ。

妻　岸田さんは「日本への投資」を呼びかけていたね？

夫　岸田氏だけじゃないよ。菅、萩生田両氏も前記したように日本を外国に売り飛ばすような動き。安倍氏も幾らかはそうだったけど、その後の日本は総崩れ状態だろう？

米政府と秘密結社に関する世論調査には触れた。日本も含め世界は既にこの大富豪達の掌の上。グローバリストと左派勢力が何故手を組むのか？それは目的が同じだから。従来の社会の仕組みを壊し、優秀な企業を追い落として資本を独占し世界を支配しようと。日本は観光資源だけでなく、約一千百兆円の現預金高と四百兆円という世界一の対外純資産（二二年五月）も持つ国なんだから…。

コロナ騒ぎに要した費用は約百兆円。ワクチン代は約七〇兆円。ワクチン接種に関しては賛否があるにせよ、この膨大な費用が大手製薬会社に支払われたのは間違いない。

妻　トランプ氏も安倍さん同様マスメディアから執拗な攻撃に曝されているけど、グローバル化を目指す勢力にとって邪魔なのは国益や民主主義を重視する人達。高市、杉田両議院も同じで、テレビしか見ていない人にはにわかには信じられないだろうけど。

夫　米国の司法は民主党に握られているようで、トランプ氏の復活成るかが今後の大きなカギ。ただそうなったとしても、米国の主要な産業である農業の問題は難しいかも。

でも日本人も悪いんだよ。自国の防衛、つまり自分達の国は自分達で護るという気持ちも無く、憲法も変えられないままで来ているんだから。其処が一番の問題。国防を担おうともしない民族が一人前の国家として扱われるかどうか？

岬　だからこそ、一次産業に従事する人達が「できるだけ予備自衛官に」ってね。結局は自分達を護ることなんだけど。ウクライナの人達を観てて「人間はイザという時は戦わなければならない」と覚悟が決まらないようではどうしようもない。

夫　我々日本人は、今一度国の成り立ちからしっかりと見つめ直す必要があるのかも…。

文化の再構築
神話に科学が追い付いてきた？

夫　ユーラシア大陸の東端（縁・ヘリ）に亀裂が起こったのは約三千万年前だという。亀裂は次第に広がり、やがて西南日本と東北日本とに分離。西は長崎県対馬を、東は北海道の知床半島辺りを支点として観音開きのように太平洋側へ移動。

千五百万年前にはフィリピン海プレート上にあった伊豆諸島が西南日本の東端に次々と衝突。それによって隆起した山から流出した大量の土砂が東西列島の間の大地溝帯（フォッサマグナ）を埋めて日本海が形成。分離した列島は約千万年をかけて再び繫がった。

しかし、千六百〜千百万年前までは西南日本は陸地であったが、東北日本は殆ど水没した多島海。東北日本が太平洋プレートなどの圧迫により隆起し、火山噴火などの地殻変動を繰り返して現在の日本列島の形が出来たのは約百万年前。だが二〜三万年前でも本州、四国、九州は陸続きであり、北海道は樺太を経て大陸と繫がる半島だった。宗谷海峡が水没したのは一万三千〜一万二千年前で、列島が現在の形になるのは約一万年前とされる。

一方、六百万年前頃は大陸の一部だった南西諸島。それが完全に切り離され、サンゴ礁を持った島弧となったのは百五十万年前以降という。

この日本列島に人が渡ってきたのは約四万年前。そして二万五千年前から一万五千前までの旧石器時代、以後の縄文、弥生時代を経て人々の暮らしは今日まで続いている。

妻　何だか国生み神話のイザナギ、イザナミ様を思い出すね。「この漂へる国を修理(をさ)め固め成せ」と言われて地上に降りて来られたけど、最初と二人目は上手く行かなかった。そこで一緒に天の神様にお伺いを立て、その後淡路島、四国、九州、本州等と上手く行くようになった。日本列島の形成が如何に困難だったかという話。

夫　神話だからと軽く見ては駄目なんだね。少なくとも日本列島が数々の偶然によって形成されてきたのは間違いない。さっき言ったフィリピン海プレート上にあった伊豆諸島の移動にしても、二千五百万年前は沖縄あたりに並んでいたらしい。それが太平洋プレートの沈み込みに引っ張られて移動し、東西日本の海峡に近づいた所、北に一列に並んだ状態で停止。その後プレートは方向転換して列島に向かって動き始め、海底火山が次々と衝突して東西日本が繫る。十万年前の富士山の誕生もこの際の衝突による大量のマグマの発生に起因するというんだから。

古事記は稗田阿礼が口述した事柄を記したものとされているけど、仮に彼の脳裏にこうした事象が断片的にでも映ったとしたら、その凄まじいまでのエネルギーと偶然とを「神働き」と捉えても不思議ではないように思う。

妻　そうね。稗田阿礼の存在や内容を云々する人も居るけど、そんなことより日本の神話は天地創造からの物語。初めに天の神々が出現され、その後地上というか、地球といった方がいいかも知れないけど、その神々の出現。確か「旧約聖書」もそうした書き出しだったと思うけど、その記されている内容の方が重要だと思う。奈良時代八世紀の書物に宇宙観が記されているんだから。

ところで、神話ではイザナギ様とイザナミ様は国生みや神生みをされた後、イザナミ様は火の神をお生みになった後お亡くなりになり、イザナギ様はもう一度妻に会いたいと黄泉の国に行かれるよね？

夫　其処で約束を破って黄泉の国の妻の姿、つまり死後の世界の穢れた妻の姿を見てしまい、あまりのことに逃げ出してしまう。

妻　そして黄泉平坂（よもつひらさか）で別れの言葉を交わすんだけど、あれはどういうことなのか考えたことある？

夫　難しい説話だよね。日本書紀には三重県熊野市の「花の窟屋（いわや）神社」は「イザナミ様を葬った地」とある。社殿は無く、江戸時代まではお墓という認識。火の神軻遇突智尊（かぐつちのみこと）をお産み

三重県熊野市　花の窟屋神社

になったのは少し西方の産田(うぶた)神社。新たな自分に生まれ変わる「黄泉がえり」を念じる熊野信仰の地方で、黄泉の国についても神話の記述とは必ずしも合致しない。

従って、あくまでも神話の記述で考えれば、単純に生と死とに働きが分かれたというよりも、肉体的な死の世界の事？イザナミ様の肉体というより、肉体が朽ちて土に帰って行く

主祭神伊邪那岐尊　滋賀県多賀町　多賀大社

方のはたらきと言うか…。精神は別だろうけど、肉体としての生命には限りがあるし、それを土に戻すのも地球のはたらきの一つ。

妻　イザナミ様はそちらの世界へ入られたと？

夫　この花の窟屋神社の御神体は熊野灘に面した高さ四五メートルの磐座(いわくら)。周りには自然が創りだした巨大な奇岩も多く、この場所をお墓としたのは、もしかすると其処から黄泉の国へ入られたことを暗示しているのかもしれないと。

妻　海底での活動とか？マグマとか？

夫　マグマはどこでも出来るものではないらしいけど、プレートの多い日本の地下では毎日出来ているらしい。

妻　そういえばイザナミ様がお亡くなりになった後、その体に八つの雷が出現したんだったね。マグマ、マントル、地球核。つまりは「熱」。その働きが無ければ地球は冷え切った惑星。生命が維持できるかは疑問？

夫　そんなに難しく考えているわけじゃないよ。あの説話では「黄泉の国の神様にお伺いに行かれた」とあるから核の部分ではなく、地殻やプレート辺りかな？と。海底資源とかね。石油や天然ガスは太古の生物の遺骸が堆積したものだし。西

ノ島は分かりやすいけど、日本近海で海底火山が活動しているのは確か。それがエネルギーの分散に繋がっているなら「有難いな…」と。

　イザナギ様と共に日本列島や自然界の神様をお生みになった程。地球の生命活動と捉えれば鎮まることはあっても、エネルギー自体が消えて無くなることはないと思う。別の働きに変化するのはあるかもしれないけど。

妻　マグマが噴出すれば地上の動植物は焼き尽くされてしまうけど、それも新たな生命活動には違いない。巨大な磐座が御神体というのが象徴的かも…。

夫　ひょっとすると、「イザとなれば女性の方が冷たい」という教えかも知れない。

岬　？？？夫婦としてはなかなか面白い会話だね。

妻　まァいいじゃない。

夫　古事記では、イザナギ様は黄泉の国から帰られた後も沢山の神様をお生みになったけど、最後に天照大神、月読命、素戔嗚命をお生みになる。それはそれまでその働きが無かったということではなくて、人々の生活が始まってそうした観念が芽生えたと捉えても良い訳だから。

　一つ疑問があって。元々難解な説話だけど、日本書紀の「黄泉の国　一書（第十）」にしか出てこない菊理媛（くくりひめ）神。この神様が夫婦が泉津平坂（よもつひらさか）（書記の記述）で言い争いをしている時に申し上げることがあって、「イザナギ様はこれをお聞きになり、ほめられた」とある。

　何を言われたかも、どんな働きをされたかも記されていな

石川県　白山比売神社　奥宮

いんだけど、二十年位前に読んだ書物に「フォッサマグナを繋いでいるのは菊理媛様だ」との記述があって（金井南龍著『神々の黙示録』徳間書店）。

この菊理媛様を祀る神社は石川県白山市に加賀の国一之宮「白山比咩（しらやまひめ）神社」があり、岐阜、福井、石川三県にまたがる白山の山頂には奥宮がある。

妻　岐阜県といえば、確か一億年位前の、日本が大陸の一部だった頃の岩石が露出している場所があったね。

夫　標高二七〇二メートルの白山山頂も一億年前頃は湖底にあったらしい。日本列島の成り立ちから考えれば東西日本の大陸からの移動が止まり、再び繋がるには何かもう一つのエネルギーが加わったとしても不思議ではない。その書物によると全てのものを「繋ぎとめる」のがこの媛神様の働きらしい。

岬　東西日本のバランスとか？地底とかプレートの方向転換とか？

夫　突き詰めて考えなくていいんだよ。そんなことしたら頭がヘンになってしまう。今でもフォッサマグナについては不明な点が多いし、他に中央構造線とかもあるから。

科学に強い友人が居て。彼が言うには「地球という惑星自体多くの偶然が重なって出来た」らしい。神の意志があったと考えたくなるほどの偶然がね。かつて凶悪な事件を起こしたオウム真理教。信者の中には優秀な若者達も多かったけど、「科学的な頭脳を持った人ほど騙されやすい」って。地球も一つの生命体という認識を持っていればいいと思う。

妻　私達はその働きに敬意と感謝を持って生活すればいいのよ。

夫　イザナギ様とイザナミ様、そして菊理媛様とね。同じ時期に降りて来られた神様と考えてもよく、此の神々の働きとバランスの上に日本列島が存在すると。巨大なエネルギーと捉えても良いかな？

妻　人智の及ばない事柄は謙虚に「神働き」と捉えた方が良いよ。今騒がれている「性自認」の問題も同じ。男が女になろうとしても為れるわけが無いし、逆も同じ。それはあの時代なら良かった、白人のほうが良かった、家が金持ちなら良かったというのと同じ。前も話したよね。時代や民族など、人間の命には条件が与えられていると。肉体、性別も同じで、自分に与えられた命の条件を自覚することが人生のスタートじゃない？

大陸から引きちぎられ、それが東西に分かれ、その隙間を埋めるように島々が移動して出来上がった日本列島。太古の時代幾つかのエネルギーが介在したのは確かで、それを「神様が造られた」と表現するのは可笑しなことではないと思う。神話は根拠のない説話ではない。発達した科学がそれを証明しているような気もする。

文化の再構築
日本の国の地理的環境

妻 「島国として比較的恵まれた形で独自の文化を育ててきた我が国…」

上皇陛下が御在位三十年の記念式典に際し述べられたお言葉。神道の宗廟らしい、日本の国土への想い。私達はもう一度その意味を噛みしめるべきね。

夫 単に「島国」というだけではなく、日本列島の位置や規模もね。大陸からそれ程離れておらず、しかも今日一億二千万人が暮らせるほどの広さ。これが大陸から隔絶した小さな島国だったら歴史は全く変わっていただろう。

妻 文明の流れからは取り残されたでしょうし、また今と同じ場所にあったとしても規模が小さかったら異民族に征服されていた。実際そういう危機は何度もあったし。

奈良の都は多くの渡来人達が造ったと言われるけど、それでも日本語を残せたということはそれなりの人口があったから。もっと小さな国だったら言葉も残せたかどうか？

岬 紅葉を楽しむ観光客も多いけど、紅葉は北半球の温帯地域でしか見られないらしい。中でも日本は落葉紅葉樹の種類が豊富で、楓（かえで）なんかは欧州の二倍の二十六種類。

地球は氷河期を何度も繰り返してきたから、欧州の多くはそのときに死滅。

一方日本は暖流である黒潮の影響で海岸線の温度は保たれ、それに起伏にとんだ地形も相まって氷河期でも生き残れたと。ネットでは「大自然がくれた奇跡」と言ってる人も居るくらい（matome naver の記事より）。

夫 平地は少ないがその山岳地帯の豊かな森林資源があるからこそ水資源にも恵まれ、温泉も無数にある。また沿岸の漁業資源も豊富で良質。

反面、台風や豪雨、地震などの自然災害も多い。従って自然を畏れ敬い、真面目に働き、助け合いの精神も育まれた。自然の移り変わりに美意識を養い、草花を愛で、大地や海の恵みに感謝しながら我々の先祖が二千年以上にも亘って育んで来た文化。天皇家が継承して来られた農事を神事とする祭祀は、勤勉を美徳とする日本人の労働に対する意識の表象。こうした文化を醸成し継承して来れたのもこの国土があってこそのこと。我々の文化はこの国土こそが母体であり、日本列島がこの場所にあることが如何に幸運だったか?

妻　それを考えると、今の日本人は罰当たりなことばかり。

水源地を含む土地を外国人に売り飛ばし、山林を伐採して二〜三十年しか使えず有毒物質が漏出するソーラーパネルを設置。カジノを含むレジャー施設など日本人の労働文化とは最も掛け離れたもの。おまけに農業衰退の施策?其処には自然の営みや歴史、文化に対する敬意などありはしない。まるで文化を破壊し、日本と日本人を破滅に向かわせるかのよう。安倍さんが「日本を取り戻す」と言っていたように、今の日本の政治が日本人によって行われているかすら疑わしい。**外国人の犯罪は不起訴**が多いんだから。

岬　確かに。菅政権時の内閣官房参与だった高橋洋一先生は外国人の土地取得に関する「重要土地法案」にも関わられたそうで、辞職と引き換えに内閣法で何とか法案を通したって。本来は議員立法でやるつもりだったが、議員達の強固な反対に遭って断念。それだけ親中派の議員が多いというのは「恐ろしいことだ」と。

夫　今の日本はとっくに有事なんだよ。宮古島での陸自ヘリの事故も不可解だし、台湾や徳之島での海底ケーブルの切断、米国で撃墜された中国の偵察気球、アイヌ問題を絡めたロシアの日本侵攻計画を見てもとっくに戦争状態。二二年四月熊本のTSMC着工前に連続した半導体工場の火災にも疑念が湧かないのだろうか?

日本人は武力と武力がぶつかるのが戦争だと思っているようだけど、それは民族による。ボードゲームで見ると分かり易いかも。将棋とチェスは似ていて相手の王様を倒せば勝ちだが、チェスは将棋のように倒した相手を再度自軍の駒としては使えない。つまり日本人は戦国時代でも無駄な殺戮はしなかったという事だろう。

中国の囲碁は敵軍を倒すのが目的ではなく、自分の陣地・

領域を拡大して行くゲーム。日本の土地を買い漁るのは、中国人にとっては戦争行為以外の何物でもない。それこそが戦いの目的なのだ。

妻　だから猛勉強して日本の法律や商習慣、社会や民族の欠点や弱点を調べ上げ、あらゆる組織に入り込んで協力者を仕立て上げて手を打ってくる。「戦わずして勝つ」と策略や謀略をめぐらす民族性だと分からない日本人の方が悪い。敗戦直後から八十年近くの間、「日本を乗っ取ってやろう」との一念であらゆる分野に浸透して来ているんだから。支配下に置かれれば日本の海洋資源どころか、文化も自然も全て破壊され、対米戦の頑強な前進基地にするでしょう。チベットやウイグルは既にそうなっている。

夫　だからこそ、その国土の恩恵に直接係わる一次産業の人達に、一人でも多く予備自衛官の訓練を受けて貰えないかと。取り分け離島の漁業関係者に。日本は元々海洋国家なのだ。予備自衛官が着実に増加すること。それが「国防こそ国の要」との強力な意思表示であり、そうして改憲論議を加速させることが「日本を取り戻す」と官僚達とも戦ってくれていた安倍さんの意思を継ぐことにも繋がる。

僕はね、日本人は訓練を受ければ平均的な軍隊の育成は早いと思う。物事には真面目に取り組み、規律を重んじる民族性だから。大事なのはこの国土と文化を守り抜くという目的意識をしっかりと持つこと。先に述べたけど、日本の国が護られてきたのは、イザ国難という時には勇敢に戦ってくれた先人達が居たからであり、昔の人達はそれだけ自分を鍛え上げていたのだ。

妻　ホントにね。幕末頃の日本の人口は約三千万人。武士は約四十万人。家族を含めた士族で約二百万人。それでも列強には抗しきれないとして国民皆兵制へ舵を切った。

日露戦争時の人口で約五千万人。出征数約百七万人。日米開戦時の内地人口約七千二百万人。これだけの人口で私達の先祖は国難を乗り切った。

第一次大戦後のベルサイユ講和会議で「人種差別撤廃」を提唱したのが一九一九年。明治維新から僅か五一年後の事。戦後八十年近くが過ぎて、我々戦後の世代は何をしてきたのか？当時の人達とはいえ、私達の世代にとっては両親や祖父母の時代。問題ある軍人や作戦面での失敗もあり、資源にも恵まれず戦いには敗れたけど、人種差別を根底とした植民地主義の時代を終わらせた当時の日本人が如何に立派だったか…。

岬　有色人種自らが有色人種の発展に大きく貢献したんだもんね。あの白人至上主義の困難で不合理な時代に。中国は国内外で徹底した反日プロパガンダを行っているようだけど、そんなのはウソだと否定して**「東南アジア諸国に独立の機会を与えたのは日本であり、中国ではない」**とキッパリと言えば良い。ホントの事なんだから。それどころか、中国は日本を裏切ってソ連と手を組み、更に植民地主義を継続しようとしていた米英と手を組んだ。米国は違うけど、英仏蘭は植民地支配を継続するつもりだったんだから。

　当時の中国が白人の人種差別と戦った訳ではない。

妻　私達の親の世代は多くの人が亡くなり、敗戦という未曽有の国難にもめげず日本人としての誇りを胸に、貧しい中で私達を育てながら復興に邁進してくれた。私達には、この国に生命を戴いた者として、あの時代の人達の想いと、この素晴らしい国土、恵まれた自然、その中で育んできた文化を次の世代に引き継いで行く責任がある。

　米国が戦後の日本人に「戦うことは悪」と洗脳したのは、それだけ勇敢に戦ったから。当時とは国際情勢も激変し、米国の影響力も減退している。戦争は悪と洗脳されたまま中国に呑み込まれればチベットやウイグルと同じ道を辿るしかない。戦うべき時に戦わずに国を滅ぼした民族など誰が評価してくれるだろう？大統領が真っ先に逃げ出したアフガニスタンを見れば明らかでしょうに。

夫　覚悟を決めないとね。言ったように中国とグローバリスト達の最終目的は世界征服。そうなったら世界の大激変は止められない。

　最終的に頼りになるのは軍隊であり、最後の最後には武力が必要なのだ。それが人間社会の現実。**世界平和への日本の責任は重い**のに、いつまでも目覚めないままでは日本列島は沈没してしまうのではないかとさえ…。

　以前考えたよね？深刻な宗教戦争も無く、山川草木全てに神は宿るとし、社会のルールを守ることで秩序ある社会を築いてきた私達の先祖。先進国の中で自然を神とするこの原初的な多神教の文化を残し得ているのは日本だけであり、こうした自然との向き合い方そのものが、環境や食糧問題、宗教的な対立から起こる戦争など今後の国際社会の何らかのヒントになるのではないかと。

　この二千年以上に亘って育み残し得た文化も、文明が発達して地球が狭くなった今日では、この地理的環境はもう必要は無いのだ。

岬　日本列島は神働きに拠ると考えてる？

夫　全てとは言わないが、多少はね…。

　雲仙普賢岳噴火、阪神淡路大震災時の首相は？原発事故を含む東日本大震災時の首相は？二〇一二年以降頻発した熊本での水害や地震。「随分続くなァ…」と思っていたらＴＳＭＣ絡みで中国語の教育や外国人政治参画権の問題。二〇一八年には中国人の土地買収が深刻な北海道の胆振東部地震とブラックアウト。これだけあると何か考えさせられてしまうんだよ。警告を発せられているような、日本人の魂が揺さぶられているような…。

　国生みの神話に触れたけど、イザナミ様は女性神でその怒りは容赦がないように描かれている。自然界の神様のエネルギーは凄まじい。この国の神はたらきや伝承を甘く考えない方が良い。これだけの歴史のある国。残されてきた文化、伝承、しきたりなどは経験則から来たものが殆どだと思う。栃木県那須町の「殺生石」が割れたのは二二年三月。

日本のリーダーは誰でも良いという訳にはいかないのだ。

岬　でも、そういう動きは起きつつあるよ。旧ＮＨＫ党の浜田聡議員は国民の声を代表していると思うし、北海道では小樽・余市町の風力発電は中止となり、釧路、当別の自治体でも再エネ事業への規制の動き。この運動を岡山、広島、熊本など全国へ広めて行きたいと北海道の小野寺氏（Ｒ５・６・５チャンネル桜北海道）。

　埼玉県川口市ではクルド人や中国人など外国人への取り締まり強化が議決され（奥富精一市議）、米連邦最高裁でも「ＬＧＢＴ強要は違憲」とする判決など新たな動き（「カナダ人ニュース」）。

「農業は国防だ」のポリシーで熊本の人達が発信している「農業国防研究所」では「政治を日本人の手に取り戻さないと」って。今はコオロギ食に関与し始めたＪＡにダメ出してる。それに参院議員の青山さんは「ネットを使っての国営放送を始めるべきだ」と。現在のテレビ局に働きかけるより、政府が取り組んでいる政策を発信するサイトを立ち上げた方が早いし効果的。大臣や官僚などの行政官が資料を提示しながら国民に説明すれば費用も掛からず、ストレートに伝わる。安倍さんにも提言していたらしい。

妻　できるといいね。それが実現すれば日本と世界の実情が掴み易いから国民の意識も変わるかも？ＮＨＫがあるから難しいだろうけど。**ホントにＮＨＫは要らないわ！**

岬　量子コンピューターも稼働し始めたし。我那覇さんや深田さんはじめジャーナリストや政治家など頑張っている女性陣も多い。深田萌絵さんは例の戸籍の背乗り中国人と九年近く戦い、ついに本人が中国人であることを自白したと。裁判所でね。本名は「呉思国」。才色兼備であるだけでなく、賢くて強い憧れの女性。彼女の支持者は多い。

夫　そういう女性が居てくれるのは有難いね。僕はね、この国を建て直すには女性の頑張りが不可欠だと思う。というのも日本の神話にはイザナギ様とイザナミ様だけでなく、天照様と須佐之男尊、ニニギノ尊と木花咲夜比売命の男性神と女性神の諍いの物語がある。二組は夫婦。いずれも女性神の方が正しく、男性神が負けてしまう。神話では男性神も女性神も、天津神系も国津神系も尊と命の違いくらいで同格ということだけど、日本は元々女性がシッカリしていた国なのだ。前に話したよね？日本人は思想とか宗教とか倫理観の基本となるものを持っていないと。でありながら治安の良い社会を築いて来れたのは、幼児期からの母親の教育がシッカリしていたから。だから何とか持って来たんだろうと。

妻　日本には日本の家庭の在り方があって良いのよ。条件が違うんだから。外国と比べる必要なんかない。

それに命を宿すのは女性。新たな生命は女性からしか産まれない。生物学上のね。これが絶対的な事実。身体への負担もあるから覚悟が決まると女性の方が強いかも。何と言っても地球という惑星が萬物の母体であり、日本にはその媛神様の説話、伝承が数多く残されている。それに日本の文化は「ゆかしさ」を大事にする女性的な文化だし。

条件付きにせよ、生来の女性軽視の最高裁の判決や人工知能（ＡＩ）偏重などを考えると、これは最早自然の生命の営みへの冒涜であり、もしかすると日本人は神観念や自分で考えることまでも捨て去り、破滅へ向かっているのではないかとさえ思えてしまう。

他の物の生命を頂かないと生きては行けない。人間はその程度の分際なのに…。

岬　日本好きの外国人で、綺麗に掃き清められた神社や仏閣の境内に感銘を受ける人は多いよ。「気持ちが安らぐ」って。神仏云々というのではなく、静謐が保たれた祈りと感謝の空間。周りの自然と人との調和。環境問題が騒がれて久しい今日、もしかすると、外国人の方が日本人独特の宗教観に新たな価値を見出すかも知れない。

夫　**自然の創造物の中に神を見出す。**その日本の伝統的な自然との関わり方にね。

昭和二一年（一九四六）、昭和天皇の新年歌会始の御製。

降り積もる
深雪に耐えて色変えぬ
松ぞ雄々しき
人もかくあれ

敗戦の翌年、廃墟と化した日本を復興へと向かわしめるような歌。天皇家は神話の時代から続く古来よりの祭祀を継承して下さるだけで十分に有難いと思う。現代人はこうした文化を今日まで残し得ていることに何の価値も見出せないのだろうか？

少なくとも僕は、有色人種で唯一近代化に成功して植民地主義の時代を終わらせたように、日本人は世界の流れを変えるポテンシャルを秘めた民族だとは思う。但しそれには、社会の風潮に流されやすい民族の欠点に気付き、天皇に甘える体質からは脱却しないと。

妻　ホントにね。憲法に規定されている天皇は自発的には動けないんだから。それとも日本人は、上皇陛下のお言葉から何も汲み取れないほど劣化してしまったのか？

伝統と科学技術の融合。それが日本の魅力と話す外国人は多い。

自然の形を活かす造りの日本庭園。住居や欄間、襖絵、和服の紋様、料理など自然美を生活の中に取り入れて来た日本の文化。その働きへの敬意と美への憧れが日本文化の基本。千年以上の歳月をかけ、先進国として申し分のない社会と独自の文化を築き上げてきた私達の先祖。その美意識と精神性を育んだこの国土。

私達日本人がそうした自国文化の基本を再認識し、環境問題も含めた憲法に改正すれば、天皇家が継承されて来た祭祀に「人類への貢献」という新たな可能性が芽生える。そうなれば皇族方も新たな働きの時代へステップアップできるかもしれない。

勿論それは、以前話したように「統一された国家観を持つまでに発達しなかった」近代の問題点などを把握した上でのことだけど…。

夫　天皇家が継承されてきた自然との関わり方を日本だけに留めておくのか、それとも其処に人類共通の普遍性を見出すかどうか？それは我々の意識の持ち方ひとつ。

僕はね、

戦後の日本がいつまでも変われないのは、

「保守が変わらないからではないか…」と思っている。

参考資料等（文中記載は省く）

※「虎ノ門ニュース」は二二年十一月番組終了。従って引用部分を確認できないこと有り
・CH桜北海道 R5・6・7 沢田英一 中村恵子
　北海道の歴史年表が更に改悪されている
・CH桜北海道 R5・6・23 小野寺まさる
　本州初のアイヌ事業はここ!北海道名付け親の嘘
・CH桜北海道 R3・2・11小野寺まさるの「どうしても言わせろ!」
今こそ知りたいアイヌという雑誌について…アイヌの居住域を示す地図や明治期の建造物の写真有
その他のアイヌ問題や侵食する中国資本、自衛隊基地周辺のソーラーや風力発電事業、釧路湿原の太陽光パネルなど北海道の実情等
・インターネット togetter.com
ウラジーミル・プーチン大統領あての要望書（原文有）
・「デイリーWiLL」衝撃!現地ルポ 売国企業「ニトリ」と鈴木直道知事は「習近平の手先」か 山根真 小野寺まさる 平井宏治
・「デイリーWiLL」特別企画 中国の北海道侵略
菅義偉 河野太郎 小泉進次郎は必見「ウポポイ」に潜入してみた 山根真 小野寺まさる 平井宏治
・「デイリーWiLL」ウイルス学者 命がけの告発
「ウイルス学者の絶望と苦悩」京都大准教授 宮沢孝幸
・くつざわ 日本改革党 2023・6・23 収支を見せぬ黒い羽根
・暇空茜 アカい羽根共同募金 NPO問題 シリーズ有
・文化人放送局 安倍元総理の暗殺事件他政経事情等
高田純博士 山口敬之 渡邉哲也 門田隆将 葛城奈海
河野克俊前統合幕僚長 織田邦夫 和田政宗参院議員他
・インターネット 三の丸尚蔵館 ウィキペディア編
・篠原由佳「ゆるトーク」双京構想
一般社団法人「心游舎」総裁 彬子女王
・インターネット…沖縄の「駐在保健婦制度」…
中国の「裸足の医者」と日本の「駐在保健婦」について
西条 正 新潟産業大学人文学部紀要第二一号
・インターネット 日本台湾交流協会 2022・12・11

日台関係シンポジウム 萩生田光一 基調講演
・あさ8ニュース　有本香　百田尚樹 2022・12・27
太陽光パネル関連
ゲスト加藤康子　強風等の被害写真有岩国・襟裳町他
・あさ8ニュース 2023・1・10
NPO法人Colabo問題 ゲスト暇空　茜（音声のみ）
・あさ8ニュース 2023・1・25
ダボス会議及び自衛隊の実情（官舎など写真有）
ゲスト我那覇真子　小笠原理恵
・あさ8ニュース 2023・3・29
太陽光・風力 自然エネと中国　防衛施設と経産省等
ゲスト加藤康子
・あさ8ニュース 2023・5・23日米のLGBT問題等
ゲスト岩田温
・我那覇真子CH R3・4・17 米大統領選挙取材報告会
・我那覇真子CH 2023・1・22 ダボスよりHEAVE NESE Style出演映像
・我那覇真子CH LGBTイデオロギーと米国大使

Fox&Friendsニュース出演5／2 ラーム・エマニュエルLGBTQ押しつけ
・調査報道 河添恵子TV 数日前に米ヘリも墜落
陸上自衛隊ヘリ墜落の3つの謎
・調査報道 河添恵子TV 昆虫食ブームの黒幕 ビル・ゲイツの宣伝活動！中共は慌てて関与を否定
・妙佛 DEEP MAX 04－11 墜落直前に〝電磁砲〟
・［世界経済情報］モハPチャンネル 中米の金融商品等に関する分析
・カナダ人ニュース　カナダ在住の日本人の発信する「米国の政治情勢」
・カナダ人ニュース　Biden息子捜査妨害1～3
米民主党の「移民政策」や国境の現状等
・深田萌絵 TV 萩生田政調会長
「防衛費のためNTT株売却」が愚策過ぎる件
・深田萌絵 TV 神谷宗幣議員の質疑で露呈！ 政府半導体政策のペテン
・深田萌絵 TV［米中通信戦争］国連は華為推進どうなる？NTTと日本の未来

・深田萌絵ＴＶ［米中通信戦争］中国化進行　日本復活の解決策は？
・深田萌絵ＴＶ［米中通信戦争］中国化進行　日本のＩＴ産業崩壊へ？
その他背乗り事件（複数回有）、半導体やＴＳＭＣ関連等多数
・ふくまろネット［神谷宗弊］日本を蝕む４５の罠「ＬＧＢＴ法案通過は不自然なものだ」
・「青山繁晴チャンネル」５１２回「スパイを叩き出せ」４８９回「情報機関をつくる」４８４回「国営放送をつくれ」４８５回「皇位継承提言に希望」他
・「高橋洋一チャンネル」７５８回「迎撃は不可能」７３５回「小西文書について」７０７回外国人土地取得に関して「中国人女性が沖縄の島を買った件」５８１回「外国人生活保護について」他
・インターネット　熊野信仰　コトバンク日本大百科全書（ニッポニカ）
・インターネット　花の窟神社　み熊野ねっと　他
・インターネット　霊峰白山　白山比咩神社
・国史大系　日本書紀前編　吉川弘文館
・日本書紀（上・下）全現代語訳　宇治谷猛著　講談社文庫
・新訂古事記　付　現代語訳　武田祐吉訳注　中村啓信補訂・改正　角川日本古典文庫
・インターネット　地球の構造：地質を学ぶ、地球を知る：産総研
・インターネット　Ｂｉｎｇ　ｖｉｄｅｏ　地球の中心　コアへの旅
・インターネット　somosora.hateblo.jp 日本列島の誕生（２０１７年ＮＨＫスペシャル「列島誕生ジオ・ジャパン」の解説）
・解説「発掘された日本列島２０２０」ｖｏｌ１～３　文化庁
・竹田恒泰ＣＨ　竹田学校　歴史　神代・先史　①～⑥岩宿時代編　アイヌ人の起源
・インターネット　www.teikokushoin.co.jp アイヌと蝦夷
・インターネット　ＮＥＷＳポストセブン
国際情報　韓国の「日帝侵略館」２０１４・３・２９
・「経団連加入企業」「ダボス会議出席者」「双京構想」「米国

のレイプ被害」等の事実関係はインターネットで検索可。
◎動画は全てＹｏｕＴｕｂｅ。信頼性が高いと思われる動画を引用。内容によっては制限が掛かるが、それでも無料で得られる情報は多い。

自由民主党　日本国憲法改正草案

平成二十四年四月二十七日（決定）
インターネットから主要部抜粋

第一章　天皇

（天皇）
第一条　天皇は、日本国の元首であり、日本国及び日本国民統合の象徴であって、その地位は、主権の存する日本国民の総意に基づく。
（皇位の継承）
第二条　皇位は、世襲のものであって、国会の議決した皇室典範の定めるところにより、これを継承する。
（国旗及び国家）
第三条　国旗は日章旗とし、国家は君が代とする。
2　日本国民は、国旗及び国家を尊重しなければならない。
（元号）
第四条　元号は、法律の定めるところにより、皇位の継承があった時に制定する。
（天皇の権能）

第五条　天皇は、この憲法の定める国事に関する行為を行い、国政に関する権能を有しない。

（天皇の国事行為等）

第六条　天皇は、国民のために、国会の指名に基づいて内閣総理大臣を任命し、内閣の指名に基づいて最高裁判所の長である裁判官を任命する。

第六条

2　天皇は、国民のために、次に掲げる国事に関する行為を行う。

一　憲法改正、法律政令及び条約を交付すること。

二　国会を召集すること。

三　衆議院を解散すること。

四　衆議院の総選挙及び参議院議員の通常選挙の施行を公示すること。

五　国務大臣及び法律の定めるその他の国の公務員の任免を認証すること。

六　大赦、特赦、減刑、刑の執行の免除及び復権を認証すること。

七　栄典を授与すること。

八　全権委任状並びに大使及び公使の信任状並びに批准書及び法律の定めるその他の外交文書を認証すること。

九　外国の大使及び公使を接受すること。

十　儀式を行うこと。

3　天皇は、法律の定めるところにより、前二項の行為を委任することができる。

4　天皇の国事に関する全ての行為には、内閣の進言を必要とし、内閣がその責任を負う。ただし、衆議院の解散については、内閣総理大臣の進言による。

5　第一項及び第二項に掲げるもののほか、天皇は、国又は地方自治体その他の公共団体が主催する式典への出席その他の公的な行為を行う。

（摂政）

第七条　皇室典範の定めるところにより摂政を置くときは、摂政は、天皇の名で、その国事に関する行為を行う。

2　第五条及び前条第四項の規定は、摂政について準用する。

（皇室への財産の譲渡等の制限）

第八条　皇室に財産を譲り渡し、又は皇室が財産を譲り受け、若しくは賜与するには、法律で定める場合を除き、国会の承認を経なければならない。

第二章　安全保障

（平和主義）
第九条　日本国民は、正義と秩序を基調とする国際平和を誠実に希求し、国権の発動としての戦争を放棄し、武力による威嚇及び武力の行使は、国際紛争を解決する手段としては用いない。
2　前項の規定は、自衛権の発動を妨げるものではない。

（国防軍）
第九条の二　我が国の平和と独立並びに国及び国民の安全を確保するため、内閣総理大臣を最高指揮官とする国防軍を保持する。
2　国防軍は、前項に規定による任務を遂行する際は、法律の定めるところにより、国会の承認その他の統制に服する。
3　国防軍は、第一項に規定する任務を遂行するための活動のほか、法律の定めるところにより、国際社会の平和と安全を確保するために国際的に強調して行われる活動及び公の秩序を維持し、又は国民の生命若しくは自由を守るための活動を行うことができる。
4　前二項に定めるもののほか、国防軍の組織、統制及び機密の保持に関する事項は、法律で定める。
5　国防軍に属する軍人その他の公務員がその職務の実施に伴う罪又は国防軍の機密に関する罪を犯した場合の裁判を行うため、法律の定めるところにより、国防軍に審判所を置く。この場合においては、被告人が裁判所へ上告する権利は、保障されなければならない。

（領土等の保全等）
第九条の三　国は、主権と独立を護るため、国民と協力して、領土、領海及び領空を保全し、その資源を確保しなければならない。

第三章　国民の権利及び義務

（国民の責務）
第十条　日本国民の要件は、法律で定める。

略

（公務員の選定及び罷免に関する権利等）

第十五条　公務員を選定し、及び罷免することは、主権の存する国民の権利である。
２　全て公務員は、全体の奉仕者であって、一部の奉仕者ではない。
３　公務員の選定を選挙により行う場合は、日本国籍を有する成年による普通選挙の方法による。
　略

第七章　財政

　略
（公の財産の支出及び利用の制限…筆者注　現行八十九条と殆ど同じ）
第八十九条
２　公金その他の公の財産は、国若しくは地方自治体その他の公共団体の監督が及ばない慈善、教育若しくは博愛の事業に対して支出し、又はその利用に供してはならない。
　略

第八章　地方自治

　略
（地方自治体の議会及び公務員の直接選挙）
第九十四条　地方自治体には、法律の定めるところにより、条例その他重要事項を議決する機関として、議会を設置する。
２　地方自治体の長、議会の議員及び法律の定めるその他の公務員は、当該地方自治体の住民であって日本国籍を有する者が直接選挙する。
　略

第九章　緊急事態（新設）

（緊急事態の宣言）
第九十八条　内閣総理大臣は、我が国に対する外部からの武力攻撃、内乱等による社会秩序の混乱、地震等による大規模な自然災害その他の法律で定める緊急事態において、特に必要があると認めるときは、法律の定めるところにより、閣議にかけて、緊急事態の宣言を発することができる。
２　緊急事態の宣言は、法律の定めるところにより、事前又は事後に国会の承認を得なければならない。

3　内閣総理大臣は、前項の場合において不承認の議決があったとき、国会が緊急事態の宣言を解除すべき旨を議決したとき、又は事態の推移により当該宣言を継続する必要がないと認めるときは、法律の定めるところにより、閣議にかけて、当該宣言を速やかに解除しなければならない。また、百日を超えて緊急事態宣言を継続しようとするときは、百日を超えるごとに、事前に国会の承認を得なければならない。

4　第二項及び前項後段の国会の承認については、第六十条第二項の規定を準用する。この場合において、同項中「三十日以内」とあるのは、「五日以内」と読み替えるものとする。

（筆者注・第六十条第二項は衆議院の優位性に関する条文）

（緊急事態宣言の効果）

第九十九条　緊急事態宣言が発せられたときは、法律の定めるところにより、内閣は法律と同一の効力を有する政令を制定することができるほか、内閣総理大臣は財政上必要な支出その他の処分を行い、地方自治体の長に対して必要な指示をすることができる。

2　前項の政令の制定及び処分については、法律の定めるところにより、事後に国会の承認を得なければならない。

3　緊急事態の宣言が発せられた場合には、何人も、法律の定めるところにより、当該宣言に係わる事態において国民の生命、身体及び財産を守るために行われる措置に関して発せられる国その他公の機関の指示に従わなければならない。この場合においても、第十四条、第十八条、第十九条、第二十一条その他の基本的人権に関する規定は、最大限に尊重されなければならない。

4　緊急事態の宣言が発せられた場合においては、法律の定めるところにより、その宣言が効力を有する期間、衆議院は解散されないものとし、両議院の任期及びその選挙期日の特例を設けることができる。

第十章　改正

第百条　この憲法の改正は、衆議院又は参議院の発議により、両議院のそれぞれの総議員の過半数の賛成で国会が議決し、国民に提案してその承認を得なければならない。この承認には、法律の定めるところにより行われる国民の投票において有効の投票の過半数の賛成を必要とする。

2　憲法改正について前項の承認を得た時は、天皇は直ちに憲法改正を公布する。

第十一章　最高法規

（憲法の最高法規性等）
第百一条　この憲法は、国の最高法規であって、その条規に反する法律、命令、詔勅及び国務に関するその他の行為の全部又は一部は、その効力を有しない。
3　日本国が締結した条約及び確立された国際法規は、これを誠実に遵守することを必要とする。
（憲法尊重擁護義務）
第百二条　全て国民は、この憲法を尊重しなければならない。
2　国会議員、国務大臣、裁判官その他の公務員は、この憲法を擁護する義務を負う。

現皇室典範

皇室典範（現行）

第一章　皇位継承

第一条　皇位は、皇統に属する男系の男子が、これを継承する。
第二条　皇位は、左の順序により、皇族に、これを伝える。
一　皇長子
二　皇長孫
三　その他の皇長子の子孫
四　皇次子及びその子孫
五　その他の皇子孫
六　皇兄弟及びその子孫
七　皇伯叔父及びその子孫
前項各号の皇族がないときは、皇位は、それ以上で、最近親の系統の皇族に、これを伝える。

前二項の場合においては、長系を先にし、同等内では、長を先にする。

第三条　皇嗣に、精神若しくは身体の不治の重患があり、又は重大な事故があるときは、皇室会議の議により、前条に定める順序に従って、皇位継承の順序を変えることが出来る。

第四条　天皇が崩じたときは、皇嗣が、直ちに即位する。

第二章　皇族

第五条　皇后、太皇太后、皇太后、親王、親王妃、内親王、王、王妃及び女王を皇族とする。

第六条　嫡出の皇子及び嫡男系嫡出の皇孫は、男を親王、女を内親王とし、三世以下の嫡男系嫡出の子孫は、男を王、女を女王とする。

第七条　王が皇位を継承したときは、その兄弟姉妹たる王及び女王は、特にこれを親王及び内親王とする。

第八条　皇嗣たる皇子を皇太子という。皇太子のないときは、皇嗣たる皇孫を皇太孫という。

第九条　天皇及び皇族は、養子をすることができない。

第十条　立后及び皇族男子の婚姻は、皇室会議の議を経ることを要する。

第十一条　年齢十五年以上の内親王、王及び女王は、その意志に基づき、皇室会議の議により、皇族の身分を離れる。

親王（皇太子及び皇太孫を除く）、内親王、王及び女王は、前項の場合の外、やむを得ない特別の事由があるときは、皇室会議の議により、皇族の身分を離れる。

第十二条　皇族女子は、天皇及び皇族以外の者と婚姻したときは、皇族の身分を離れる。

第十三条　皇族の身分を離れる親王又は王の妃並びに直系卑属及びその妃は、他の皇族と婚姻した女子及びその直系卑属を除き、同時に皇族の身分を離れる。但し、直系卑属及びその妃については、皇室会議の議により、皇族の身分を離れないものとすることができる。

第十四条　皇族以外の女子で親王妃又は王妃となった者が、その夫を失ったときは、その意思により、皇族の身分を離れることができる。

前項の者が、その夫を失ったときは、同項による場合の外、やむを得ない特別の事由があるときは、皇室会議の議により、皇族の身分を離れる。

第一項の者は、離婚したときは、皇族の身分を離れる。

第一項及び前項の規定は、前条の他の皇族と婚姻した女子に、これを準用する。

第十五条　皇族以外の者及びその子孫は、女子が皇后となる場合及び皇族男子と婚姻する場合を除いては、皇族となることがない。

第三章　摂政

第十六条　天皇が成年に達しないときは、摂政を置く。
天皇が、精神若しくは身体の重患又は重大な事故により、国事に関する行為をみずからすることができないときは、皇室会議の議により、摂政を置く。

第十七条　摂政は、左の順序により、成年に達した皇族が、これに就任する。
一　皇太子又は皇太孫
二　親王及び王
三　皇后
四　皇太后
五　太皇太后
六　内親王及び女王
前項第二号の場合においては、皇位継承の順序に従い、同項第六号の場合においては、皇位継承の順序に準ずる。

第十八条　摂政又は摂政となる順位にあたる者に、精神若しくは身体の重患があり、又は重大な事故があるときは、皇室会議の議により、前項に定める順序に従って、摂政又は摂政となる順序を変えることができる。

第十九条　摂政となる順位にあたる者が、成年に達しないため、又は前条の故障があるために、他の皇族が、摂政となったときは、先順位にあたっていた皇族が、成年に達し、又は故障がなくなったときでも、皇太子又は皇太孫に対する場合を除いては、摂政の任を譲ることがない。

第二十条　第十六第二項の故障がなくなったときは、皇室会議の議により、摂政を廃する。

第二十一条　摂政は、その在任中、訴追されない。但し、これがため、訴追の権利は、害されない。

第四章　成年、敬称、即位の礼、大喪の礼、皇統譜及び陵墓

第二十二条　天皇、皇太子、皇太孫の成年は、十八年とする。

第二十三条　天皇、皇后、太皇太后及び皇太后の敬称は、陛

下とする。
前項の皇族以外の皇族の継承は、殿下とする。
第二十四条　皇位の継承があったときは、即位の礼を行う。
第二十五条　天皇が崩じたときは、大喪の礼を行う。
第二十六条　天皇及び皇族の身分に関する事項は、これを皇統譜に登録する。
第二十七条　天皇、皇后、太皇太后及び皇太后を葬る所を陵、その他の皇族を葬る所を墓とし、陵及び墓に関する事項は、これを陵籍及び墓籍に登録する。

第五章　皇室会議

第二十八条　皇室会議は、議員十人でこれを組織する。

議員は、皇族二人、衆議院及び参議院の議長及び副議長、内閣総理大臣、宮内庁の長並びに最高裁判所の長たる裁判官及びその他の裁判官一人を以て、これに充てる。

議員となる皇族及び最高裁判所の長たる裁判官以外の裁判官は、各々成年に達した皇族又は最高裁判所の長たる裁判官以外の裁判官の互選による。

第二十九条　内閣総理大臣たる議員は、皇室会議の議長となる。

第三十条　皇室会議に、予備議員十人を置く。

皇族及び最高裁判所の裁判官たる議員の予備議員については、第二十八条第三項の規定を準用する。

衆議院及び参議院の議長及び副議長たる議員の予備議員は、各々衆議院及び参議院の議員の互選による。

前二項の予備議員の員数は、各々その議員の員数と同数とし、その職務を行う順序は、互選の際、これを定める。

内閣総理大臣たる議員の予備議員は、内閣法の規定に拠り臨時に内閣総理大臣の職務を行う者として指定された国務大臣を以て、これに充てる。

宮内庁の長たる議員の予備議員は、内閣総理大臣の指定する宮内庁の官吏を以て、これに充てる。

議員に事故のあるとき、又は議員が欠けたときは、その予備議員が、その職務を行う。

第三十一条　第二十八条及び前条において、衆議院の議長、副議長又は議員とあるのは、衆議院が解散されたときは、後任者の定まるまでは、各々解散の際衆議院の議長、副議長又は議員であった者とする。

第三十二条　皇族及び最高裁判所の長たる裁判官以外の裁判官たる議員及び予備議員の任期は、四年とする。
第三十三条　皇室会議は、議長が、これを召集する。
皇室会議は、第三条、第十六条第二項、第十八条及び第二十条の場合には、四人以上の議員の要求があるときは、これを召集することを要する。
第三十四条　皇室会議は、六人以上の議員の出席がなければ、議事を開き議決することができない。
第三十五条　皇室会議の議事は、第三条、第十六条第二項、第十八条及び第二十条の場合には、出席した議員の三分の二以上の多数でこれを決し、その他の場合には、過半数でこれを決する。
前項後段の場合において、可否同数のときは、議長の決するところによる。
第三十六条　議員は、自分の利害に特別の関係のある議事には、参与することができない。
第三十七条　皇室会議は、この法律及び他の法律に基づく権限のみを行う。

附　則

この法律は、日本国憲法施行の日から、これを施行する。

現在の皇族は、この法律による皇族とし、第六条の規定の適用については、これを嫡男系嫡出の者とする。

現在の陵及び墓は、これを第二十七条の陵および墓とする。

この法律の特例として天皇の退位について定める天皇の退位等に関する皇室典範特例法（平成二十九年法律第六十三号）は、この法律と一体を成すものである。

以下、施行に関する附則は省略

旧皇室典範主要部抜粋

・旧皇室典範は十二章六十二条で構成され、明治四十年に八条、大正七年に一条増補されている。

第一章　皇位継承

第一条　大日本国皇位ハ祖宗ノ皇統ニシテ男系ノ男子之ヲ継承ス

第二条　皇位ハ皇長子ニ伝フ

第三条　皇長子在ラサルトキハ皇長孫ニ伝フ皇長子及其ノ子孫皆在ラサルトキハ皇次子及其ノ子孫ニ伝フ以下皆之ニ例ス

第二章　践祚即位

第十一条　即位ノ礼及大嘗祭ハ京都ニ於テ之ヲ行フ

第三章　成年立后立太子

第十三条　天皇及皇太子皇太孫ハ満十八年ヲ以テ成年トス

第十四条　前条ノ外皇族ハ満二十年ヲ以テ成年トス

第六章　太傅

第二十六条　天皇未タ成年ニ達セサルトキハ太傅ヲ置キ保育ヲ掌ラシム

第七章　皇族

第三十五条　皇族ハ天皇之ヲ監督ス

第三十九条　皇族ノ婚嫁ハ同族又ハ勅旨ニ由リ特ニ認許セラレタル華族ニ限ル

第四十条　皇族ノ婚嫁ハ勅許ニ由ル

第四十一条　皇族ノ婚嫁ヲ許可スルノ勅書ハ宮内大臣之ニ副書ス

第十章　皇族訴訟及懲戒

第四十九条　皇族相互ノ民事ノ訴訟ハ勅旨ニ依リ宮内省ニ於テ裁判員ヲ命シ裁判セシメ勅裁ヲ経テ之ヲ執行ス

第五十条　人民ヨリ皇族ニ対スル民事ノ訴訟ハ東京控訴院ニ於テ之ヲ裁判ス但シ皇族ハ代人ヲ以テ訴訟ニ当ラシメ自ラ訟廷ニ出ルヲ要セス

第五十二条　皇族其ノ品位ヲ辱ムルノ所行アリ又ハ皇室ニ対

シ忠順ヲ欠クトキハ勅旨ヲ以テ之ヲ懲戒シ其ノ重キ者ハ皇族特権ノ一部又ハ全部ヲ停止シ若クハ剥奪スヘシ

第十一章　皇族会議

第五十五条　皇族会議ハ成年以上ノ皇族男子ヲ以テ組織シ内大臣枢密院議長宮内大臣司法大臣大審院長ヲ以テ参列セシム

第五十六条　天皇ハ皇族会議ニ親臨シ又ハ皇族中ノ一員ニ命シテ議長タラシム

第十二章　補則

第六十二条　将来此ノ典範ノ条項ヲ改正シ又ハ増補スヘキノ必要アルニ当テハ皇族会議及枢密顧問ニ諮詢シテ之ヲ勅定スヘシ

明治四十年皇室典範増補

第四条ノ一　特権ヲ剥奪セラレタル皇族ハ勅旨ニ由リ臣籍ニ降スコトアルヘシ

インターネット　旧皇室典範― Teikoku-denmo.jp より

【著者紹介】

佐藤充志（さとう・みちゆき）

宮崎県生まれ　別府大学英文学科卒
高校時代戦争の記録映画を見て衝撃を受ける。以後日本の近代に意識を向けるようになり、体験者の話や書物を読み重ねる中、本紙に記したような所見を持つようになったのはロッキード事件が社会を賑わしていた昭和53年頃のこと。

著書：『我が家の改憲論議』

我が家の改憲論議Ⅱ
—安倍さんへの感謝を込めて—

発行日　令和五年九月一日　初版第一刷発行
著者　佐藤　充志
発行者　奥田　辰典
発行所　産經新聞生活情報センター
〒556-0017　大阪市浪速区湊町二—一—五七号
電　話〇六（六六三三）二二八一
発売　図書出版　浪速社
〒637-0006　奈良県五條市岡口一丁目九番五八号
電　話〇九〇（五六四三）八九四〇
FAX〇七四七（二三）〇六二一
印刷・製本　株式会社ディーネット

ISBN978-4-88854-559-4